2018 [笔会文粹]

那"通关密语"

文汇出版社

目 录

辑 一

迟子建　也是冬天，也是春天　/ 3
张　辉　阿姆斯特丹的梦露　/ 13
甫跃辉　语文课　/ 17
杨　扬　路边书店　/ 22
田洪敏　我只敢在正午的灼日想起你　/ 26
唐小兵　哈佛的课堂　/ 32
本　原　那"通关密语"　/ 39

辑 二

戴扬本　那种与物质享受不相干的清贵之气　/ 55
季　进　挥手自兹去，萧萧班马鸣　/ 63
蒋　寅　一部唐诗史早就在肚子里　/ 72
胡晓明　为思想而生的人　/ 78
王敬之　七十年前，在懿园看地毯戏　/ 83
蔡　翔　顾老先生　/ 88
蔡小容　贺老爷的时空门　/ 94

张　伟　　一代名士唐大郎　　/ 101
陆建德　　奶　妈　　/ 110

辑　三

沈嘉禄　　御穷一策，芋头为首　　/ 117
詹宏志　　白煮猪脚　　/ 123
张宪光　　食粥记　　/ 127
郑培凯　　秃黄油饭　　/ 132
陈思呈　　带雨的韭，承露的薤　　/ 135
王　瑢　　蘑菇绘　　/ 140
高明昌　　种芦粟，吃芦粟　　/ 145
严　锋　　一碗油豆腐粉丝汤　　/ 150

辑　四

路　明　　离开小镇的夏天　　/ 155
姚鄂梅　　忆抓蟹　　/ 160
潘　敦　　苏州的事　　/ 164
黄开发　　乌鸦与白头鹎　　/ 168
杨月英　　双头莲与隐元豆　　/ 173
谈瀛洲　　失恋了，种薄荷吧　　/ 177
周有光　　旧扇记（外二篇）　　/ 182
唐吉慧　　时间的痕迹　　/ 185

辑 五

刘晓蕾　　贾政不是假正经　　/ 191
陈大康　　荣国府里的总管房　　/ 199
张定浩　　鸡既鸣矣　　/ 206
舒飞廉　　又想起严凤英的《打猪草》　　/ 215
杨燕迪　　安静的革命　　/ 220
李　皖　　流行音乐为什么不流行了　　/ 224
曾泰元　　词典里的十一例洋泾浜英语　　/ 228
南　帆　　生命在别处　　/ 234
文　珍　　致那些孤独而年轻的朋友们　　/ 241

辑 六

毛　尖　　上海男人徐峥　　/ 247
宋明炜　　那个测不准的时刻永远让我们着迷　　/ 249
朱生坚　　你看，那个死于无意义的人　　/ 255
傅月庵　　人生实难，大道多歧　　/ 261
朱丽丽　　浮生取义　　/ 265
邹世奇　　一面无限同情，一面冷静到冷酷　　/ 270
汪广松　　孤独的人经验万物　　/ 274

辑一

迟子建

也是冬天,也是春天

在我这样的外地人眼中,上海是中国城市历史中,最具沧桑美感的一册旧书,蕴藏着万千风云和无限心事。这里的每一处老弄堂,都是一句可以不停注释的名言,注脚层叠,于我来讲是陌生的。但有一处地方,在记忆中却仿佛是熟知的,就是四川北路。这条路留下了许多历史名人的足迹,而其中最难抹去的,当属鲁迅先生了。鲁迅曾在致萧军萧红的信中,提到这条路:"知道已经搬了房子,好极好极,但搬来搬去,不出拉都路,正如我总在北四川路兜圈子一样";而萧红1936年在日本写给萧军的一封信中,也提到它——"在电影上我看到了北四川路",她也因之想到了鲁迅先生。

2017年岁尾,在《收获》杂志六十周年庆典上,在太热闹的时刻,很想独自出去走走,有天上午得空,我吃过早饭,叫了一辆的士,奔向四川北路。

我先去拜谒原虹口公园的鲁迅先生墓,这座墓从当年的万国公墓迁葬于此,已经一个甲子了。天气晴好,又逢周末,园里晨练的人极多。入园处有个水果摊,苹果橘子草莓等钩织的芳香流苏,连缀着世界文豪广场。红男绿女穿梭其间,不为膜拜文豪,而是踏着热烈的节拍,跳整齐划一的舞。他们运动许久了吧,身上热了,大多将外套脱掉,只穿绒衣。广场边一棵粗大的悬铃木,此刻成了衣架,被拦腰系了一圈白带子,穿着吊钩,紫白红黄的外套挂在其上。我努力避让舞者,走进广场。文豪们的铜雕均是全身像,或坐或站。可怜的托尔斯泰,他右手所持的手杖,挂着一个健身者的挎包,一副苍凉出走的模样,可惜我不吸烟,不然会在他左手托着的烟斗上,献一缕烟丝,安抚一下他。与他一样不幸的,是手握鹅毛笔的莎士比亚和狄更斯,鹅毛笔成了天然挂钩,挂着色彩艳丽的超轻羽绒衣。最幸运当属巴尔扎克,他袖着手,深藏不露,难以附着,这尊雕像也就成了一首流畅的诗作。

出了世界文豪广场,再向前是个卖早点的食肆,等候的人,从屋里一直排到门外。想着多年前萧红在这一带,有天买早点,发现包油条的纸,居然是鲁迅先生一篇译作的原稿。萧红愕然告知鲁迅,先生却淡然,复信调侃道:"我是满足的,居然还可以包油条,可见还有一些用处",也不知这里的早点铺,如今用什么包油条?还能包裹出这拨云见日般的绮丽文事么?

绕过食肆向前,更是人潮汹涌。我望见了推着童车散步的中年妇女,玩滑板的疾驰而过的少年,聚集在电动车上打牌的老人,立于树间吊嗓子的小生,以及在路中央手持毛刷、蘸着水写下"江山如此多娇"的歪戴帽子的男人。当然更多的是占据着每一处空地,跳广场舞的人。尽管立在路旁的音频显示器,提示分贝不超,但各路音乐汇聚起来,还是无比喧嚣,将自然的鸟语湮灭了。只见鸟儿一波一波飞过,却听不到它们的叫声。

这幅世俗生活的长轴画卷,在渐次打开的时候,我也领略了背景上的植物风光。槭树正在最美时节,吊着一树树红红黄黄的彩叶,被阳光照得晶莹剔透,看上去激情饱满,像要与旧时代决裂的起义者。除了槭树呈现壮丽之色,也有耐寒的杜鹃绽放,那红的粉的花朵,在我这个刚经历了哈尔滨十二月飞雪的北方人眼里,无疑是日历牌上被漏撕的春日,零零散散,却透着春的消息。

鲁迅墓很好寻,无论哪条甬道,都有通往那里的指示牌。赏过如火的槭树,直行约三百米左转,绕过一群咿呀唱戏的人,再右转北上,在公园的西北角,就是鲁迅先生的墓地了。

墓前广场比较开阔,最先看到的是长方形草坪上矗立着的鲁迅塑像(这块草坪是不是一册《野草》呢),他坐在藤椅上,左手握书,右手搭着扶手,默然望着往来的人。由于塑像有高大的基座,再加上草地四围,有密实的冬青做了天然藩篱,肃穆庄严。不过基座过高了,感觉鲁迅是坐在一个逼仄的楼台看戏,让人担忧他的安危。

墓地两侧的石板路旁,种植着樟树、广玉兰和松柏,树高枝稠,长青的叶片在阳光下如翻飞的翠鸟,绿意荡漾。我随手摘下一片广玉兰的叶子,拈着它走向鲁迅先生长眠之所,将它轻轻摆在墓栏上,想着烘托了一季热闹花事的叶片,是从花海中荡出的一叶扁舟,心房还存有花儿的芳香吧,权当鲜花。何况在我的阅读印象中,鲁迅是不怎么写花儿的,《从百草园到三味书屋》和《秋夜》中,提到蜡梅一类的花儿,要么一笔带过,要么对所描述的花儿,连名字也叫不出来。他最浓墨重彩的写花,是在《药》中,结尾处瑜儿坟头的那圈红白的花儿(也是无名之花)。可见他笔下的花儿,是死之精魂。

鲁迅墓由上好的花岗石对接镶嵌,其形态很像一册灰白的旧书,半是掩埋半是出土的样子。因为是园中独墓,看上去显赫,却也孤独。其实无论是鲁迅的原配夫人、为他寂寞空守了四十年的朱安，还是无比崇敬鲁迅的萧红，都曾在遗言中表达了想葬在鲁迅身旁的想法，可惜都未如愿——怎么可能如愿。鲁迅曾在文章中交待过后事："赶快收敛，埋掉，拉倒"，也曾在《病后杂谈》中表达过，他不喜欢被追悼，不喜欢挽联，倘有购买纸墨白布的闲钱，不如选几部明清野史来印印，这些表述绝非是故作超拔，这像他的脾气，这像一个目光如炬的人穿行于无边的黑暗后，留给自己的大解脱——最后的光明。可鲁迅的一生，是雷电的一生，身后必将带来风雨，不会是寂寞。

鲁迅墓前并不安静，左右两侧的石杆花廊下，一侧是两个男人在练习格斗，互为拳脚；另一侧是三位大妈，在热聊什么。我脱帽向着这座冷清的墓，深深三鞠躬，静默良久，之后转身，眺望鲁迅长眠之所面对的风景，有树，有花，有草，有路，也算旖旎，也算开阔，只是那尊端坐于藤椅上的雕像，阻碍着视线。也就是说，不管鲁迅是否愿意，他每天要面对自己高高在上的背影。

墓前甬道尽头相连的路，人流不息，向右望去，可见虹口足球场的一角穹顶，像一团铅灰的云压在那里。健身和娱乐的各路音乐，此起彼落，让我有置身农贸市场的感觉。我想鲁迅被葬在这闹市的园子中，纵有绿树青草点缀，春花秋月相映，风雨雷电做永恒的日历，但终归少了一个人去后，最该拥有的宁静清寂，所以我不知道他是否真的安息了。

当我怅然离开墓地的时候，忽然间狂风大作，搅起地面的落叶和尘土，在半空飞舞。公园所有的树，这时都成了鼓手，和着风声，发出海潮般的轰鸣。我回身一望，我献给鲁迅先生的那片玉兰叶，已不见踪影，我似乎听到了他略含嘲讽的笑声：敬仰和怀念，不过是一场风,让它去吧!

离开鲁迅墓地,迎着风中被撕扯下来的艳丽的槭树叶,我去参观鲁迅纪念馆。馆藏丰富,我留意的是那些曾与鲁迅相依相伴的实物,他戴过的硬硬的礼帽,这礼帽是再也不能为他挡风了;他穿过的棉袍以及蓝紫色的带花纹的毛背心,这样的衣物也再也不能为他避寒了;他用过的白瓷茶碗依然好看,但它再也不能为他送去茶香了;他用过的吸痰器,不能再为他排解胸中郁积之物了(真正的郁积,靠它也是排解不了的吧),而那一支支笔,也再也不能随他在纸上叱咤风云了。展厅里还陈列着鲁迅逝世后,送殡者登记册,我俯身辨识那上面的名字时,有面对星空的感觉,因为那里登记着的,都是些灼灼闪光的名字。

离开纪念馆,风小了一些,我出了公园,一路打听,步行去鲁迅在大陆新村的最后寓所——山阴路132弄9号。

大陆新村是一带红砖的三层小楼,木格高窗,旧时住的多是日本侨民,鲁迅故居在9号最深处。一走进去,先看见一家紧闭的店门外,挂着一个牌子,上写"老板出去流浪了,月末回来",而有烟火气的地方,窗前和檐下多摆着盆栽的花草。我走进鲁迅故居售票处时,已是正午,只有一个保安坐在里面,他告诉我参观要等到五十分钟后,因为故居开放是分时段的。见我沮丧,他说你不也得吃午饭吗,出去吃点东西,回来后时间就到了。我接受了他的建议,走出9号院,去了对面的万寿斋。这家小吃店是上海的老字号吧,店面不大,食客甚众,无一闲位。我排队买了一屉蟹粉小笼,打包出来,又回到鲁迅故居售票处,问保安可否容我坐下,边吃边等开馆时间?保安同意了。一屉汁水浓厚的蟹粉小笼包落肚,卖票的回来了,她身后跟着四位要参观的游客,一对母女,还有两个中年男人。我们买了票,由保安带领,出了售票处。

一壁之隔的鲁迅故居门前,已有一个纤细的女孩迎候在那里,她是鲁迅故居的志愿者讲解员。保安像个大管家,掏出钥匙,打开黑漆的铸铁门,将我们带进去。由于屋内没有开灯,加之房间格局紧促,虽是坐北向南的房子,一进去还是给人阴冷的感觉。讲解员介绍着一楼会客室的陈设,餐台餐椅,墙上的画等等,而我的目光聚焦在了瞿秋白寄存此处的那张著名的书桌上了。只三两分钟吧,就被保安吆喝着去二楼。二楼是鲁迅的书房兼卧室,不很宽敞,南窗和西墙摆放着书桌、藤椅、镜台、茶几、台灯等旧物。最让人触目惊心的是近门处东墙边的那张黑色铁床,上面还摆放着棉被和枕头,鲁迅先生就是在这张床上,吐出最后一口气的。而那最后一口气是真的散了,还是附着在了室内的台灯上,做夜的眼?或是附着在了南窗的窗棂上,做曙光的播撒器?

保安又催促着上三楼了,海婴的住屋,以及客房都在此。看着小小的客房,想着瞿秋白曾在此避难,也曾在此奋笔疾书,无比伤怀。这时参观者中最年轻的初中生模样的女孩发现了问题,她问讲解员,二楼有鲁迅的床,三楼有海婴的,许广平睡在哪里呀?讲解员一时被问住了,女孩的母亲赶紧说,许广平要么和鲁迅睡一张床,要么就是海婴。我加了一句,海婴有保姆的。女孩依然很不满地嘟囔道:许广平为什么没有自己的床啊!

保安已下到一楼,他在下面大声呼唤讲解员,让她赶快带游人出来,说是时间到了,其实我们进来不过一刻钟。下楼时我走到最后,又在二楼鲁迅卧室门前驻足片刻。等我下去,保安在训斥讲解员,说她不该把游人留在最后,说这是重点文物保护区,好像我走在最后,似有不轨意图。

我郁郁出了鲁迅故居。其实我很想看看灶房的陈设,萧红不是在这儿为鲁迅烙过东北特色的韭菜盒和油饼吗?

我回到山阴路上,风又起来了,这条路成了风匣,回荡着风声。我去寻访不远处的瞿秋白故居。走到近前,见黑漆大门紧闭,按了门铃,无人应答。铁门中央留有的菱形贴纸印痕,分明昭示着"福"字曾居其上,想来这里还住着人家吧。而这扇门,却也是瞿秋白生命中难得的一扇福门,因为在此期间他与鲁迅交往频繁,纵有时时被捕的危险,但有倾心长谈的挚友,仍是人生的黄金时光吧。

鲁迅先生与很多青年人结下了深厚的友谊,萧军萧红,台静农,瞿秋白等等。读鲁迅书信时,发现他最喜欢与两个人谈病情(当然他们也深切关心着他的身体),一个是母亲,一个是小他二十几岁的台静农。谈病如同谈隐私,多半是对亲人才讲的话题。而同样比鲁迅年轻许多的瞿秋白,更是深得他欣赏,有鲁迅赠与瞿秋白的手书"人生得一知己足矣,斯世当以同怀视之"为证。瞿秋白就义后,鲁迅抱病为他编校《海上述林》。我读瞿秋白的《多余的话》时,感觉他在生命的最后时刻,流露的还是对做一个文人的万般不舍。

在瞿秋白故居吃了闭门羹,我赶紧折回,因为午后《收获》杂志有作品朗诵会,我怕迟到,所以赶紧打车,想回到酒店稍事休整。可是往来的出租车,基本都载客,显示空载的车辆,停下的一瞬,总问我是约车的人吗?我这才明白,因为我不用手机上网,不能随时网上预订出租车,空驶的出租车与我这个不与时俱进的人来说,多半无关了。也就是说,我在漂泊的河流上,看见灯塔闪亮,那也不是引我上岸的。

这倒让我淡定起来,轻松起来,想着万一迟到,那是为着鲁迅先生而迟到,不无美好。我迎着风,在山阴路上徘徊。

相比鲁迅的杂文,我更偏爱他的小说,尤其喜欢《故事新编》,尽管他在致捷克汉学家普实克的信中,说这本用神话和传说做材料的书,并不是好作品(我以为那是自谦的说法)。其中的《铸剑》,惊心动魄,我是把这个短篇当史书来看的。鲁迅是个高超的人物雕塑家,他小说的人物,像是青铜锻造的,叩击时会有深沉的回声。而且这些人物身上洋溢着一股动人的光芒——悲凉的诗意之光,像《孔乙己》《阿Q正传》《祝福》《风波》《药》《伤逝》《在酒楼上》《明天》等堪称经典的篇章,那些栩栩如生的人物,是一个人以笔蘸着自己的生命之血,化解心中块垒时,播撒于春日晚雾中的纯美幽灵。因为他们充满了有筋骨的象征性和寓言性,成了精了,因而太阳出来也不会被照散。我想鲁迅公园中世界文豪广场的雕塑,如果换成阿Q,祥林嫂,孔乙己,单四嫂子,九斤老太,闰土,眉间尺,吕纬甫,也是极相宜的——这些人哪个不是负重的高手呢。

我还喜欢鲁迅与许广平在厦门广州间的一封通信,鲁迅说那里的点心很好,但不敢多买,因为有小而红的蚂蚁,无处不在,啃噬点心,害得他常把附着蚂蚁的点心丢掉;许广平给他回复,让他在点心周围,用石灰粉画一个圈,就可以防蚁,他的点心就不会被蚂蚁糟蹋了。记得当时我读这段时,会心一笑,因为我想起了幼时,祖父怕小孩子去偷他菜园的瓜果,常给熟了的瓜果拦腰拴上线绳做记号。我去偷摘他的柿子吃时,得先把那"护身符"小心解下。对待如我这般偷吃的孩子和蚂蚁来说，许先生所言的石灰粉，祖父的那圈"绳索"，多半是不顶用的，但从中可以看出他们感情的美好。

走在山阴路上，我浮想联翩，鲁迅在厦门所钟爱的点心，还在年复一年的出炉吧？那样的红蚂蚁也还在妖娆地匍匐吧？可当年为蚂蚁所烦恼的人，是另一个世界的星辰了，教他趋避蚂蚁之法的"小鬼"（许广平与鲁迅通信时常用的自称）也与高天为伍了。在鲁迅的各种纪念日上，有多少人是真心地怀念，视他为奇迹和燔火？

从鲁迅谢世之所到他长眠之地，并不遥远。但这条路在我眼里却很长很长，它仿佛记录着一个人半个多世纪的跋涉。走在异乡的街头，只觉得这里的冬天与我故乡相比，更像春天，因为闪烁的花朵，像黑夜的笑声，从苍绿中挣扎而出。这样的花朵也就格外明亮和湿润，就像感动的泪。我想起了看过的一个报道，对东方音乐很感兴趣的俄裔音乐家齐尔品，曾托贺绿汀带信给鲁迅，想请他写歌剧《红楼梦》的剧本，而鲁迅也答应了，可他不久就告别了世界。

鲁迅曾在文章中几次提到《红楼梦》，他对最终"披大红猩猩毡斗篷和尚"的宝玉，有个评价，说是和尚多矣，但披这样阔斗篷的能有几个；他在《言论自由的界限》中，说贾府是言论颇不自由的地方，而仗着酒醉骂主子的焦大——"实在是贾府的屈原"。我想鲁迅若写歌剧的《红楼梦》，最华彩的乐章，会出现在焦大、刘姥姥这类人物身上吧？因为那是鲁迅熟谙的人物，也是照映繁华终归是虚妄一梦的最透彻的镜子。

神化鲁迅，将他符号化；矮化鲁迅，将他妖魔化；强化鲁迅作品无人能及的思想性，视他作品的艺术创造性而不见，都不是客观评价。作为一个读者和文学后来人，我更认同一个文学上的鲁迅，一个也彷徨也呐喊的鲁迅,一个也会面对人生很多无言以对时刻的鲁迅,一个在《社戏》和《故事新编》等篇章中,洋溢着动人的浪漫主义情怀的鲁迅。

快走出山阴路时,我终于打到一辆车。这辆车虽然破旧,但司机健谈而随和。我一上去,他就说听你口音,是东北人吧?我说是。他又问你知道有一个歌手叫李健吗?我说知道。司机说你听过他的《贝加尔湖畔》吗?我说当然,非常好听。这时我才反应过来,他是因为一首歌的地名,才对来自东北的我格外热情——觉得贝加尔湖离东北比较近吧。司机放慢车速,放出《贝加尔湖畔》。那舒缓忧伤的旋律,让我在异乡有了特别的感动。我惆怅地对司机说,我去过贝加尔湖,爱极了它,要是它还在我们手里就好了。司机惊讶地说:它什么时候是我们的,不可能吧?我不知该怎样对他讲贝加尔湖的前世今生,那不是三言两语能解释清楚的。

司机见我无语,又放了一遍歌曲。我将目光放在窗外,往来的车辆都急匆匆的,车辆侧面,是缩着脖子仄身而行的人,是摇晃着的树和招幌,一种呜呜的声音,让《贝加尔湖畔》的独唱变成了合唱。

风很大——很大很大的风。

张　辉

阿姆斯特丹的梦露

离上一次去阿姆斯特丹已近两年了。两年中，总时不时地会莫名想起在阿市市中心水坝教堂的一次出乎意料的遭遇。

这与本来似乎完全不能联系在一起的一物一人——一座宗教建筑与一个电影明星——相关。那座宗教建筑，就是水坝教堂本身；那个人，则是玛丽莲·梦露（1926—1962）。

生命短暂的梦露应该从未到过荷兰，也与佛兰德文化没有什么直接联系；而水坝教堂乃是荷兰首都的标志性建筑物之一，与荷兰国教紧密相关。这二者能有什么关联呢？

那是2016年冬日的一个黄昏，当我和友人从附近的荷兰王宫里走出来，水坝教堂几乎就要到关门的时间。带着一点侥幸，我们推了推侧门。没想到，门却还开着。更没想到的是，在教堂最显著的位置，在一般镶嵌玻璃花窗的地方，我们看到了一张有好几个人高的巨幅相片。

我们几乎有点不敢相信，但那确确实实就是玛丽莲·梦露的相片。

是她那幅也许最著名的、用双手护住白色无袖连衣裙的画像。

性感、带有几分自我陶醉，同时又难以掩饰漂亮脸庞上若隐若现的忧伤。真的是梦露！赤裸的双脚下的两只高跟鞋似乎使她失去了重心，而花窗中央十字架形状的窗棂，则巧妙地保持了整个画面的平衡。这格外显眼的十字架，使人有一种梦露被"钉"在那里接受刑罚的联想，也更让人真实地感受到这是在教堂，而不是在任何世俗的地方。

与这张巨幅相片形成鲜明对比的是，在它的下方，在地面上，有另一尊梦露的雕像。这另一个梦露，圣洁、美丽，微微低垂着头若有所思。身着一袭白色的及地长裙，这个美丽的女人，如希腊神话中的女神那样高贵。而她脚下躺着的七个男性身体的白色塑像，则又使我们回到了实实在在的日常生活世界。

询问教堂里即将过来关门的工作人员，才知道，原来在这里——在这个阿姆斯特丹最主要的教堂，甚至是荷兰最主要的教堂，正在举行一个纪念玛丽莲·梦露九十诞辰的展览。这个展览已经持续了两个多月，并且要到次年的春天才会告一段落。

展览非常细致而系统地介绍了梦露的生命故事，展示了她的大量遗物。从她穿过的香奈儿服装，到她的便条、账单以及使用过的咖啡杯，直到她铭刻在加利福尼亚豪宅台阶上的拉丁文铭文"cursum perficio（我的旅程到此结束）"，应有尽有。

而策展人之所以要在教堂里而不是在任何一个美术馆或展览馆，以如此特别而隆重的方式安排这个梦露生平大展，似乎并不是一个偶然选择。这从展览中的一段介绍文字，也许多少可以看出来：

> 玛丽莲·梦露生前乃是传奇性人物，死后声名更甚。
> 她的名声里有神话性的部分。其演艺才能日益赢得赞赏，

而她永恒的美丽,则使她成为时至今日依然是时尚和风格的偶像符号。她成功地通过奋斗到达事业顶峰,使她在男权主宰的1950年代,成为妇女解放的先锋。梦露是二十世纪最著名的人物之一,至今依然;对许多人而言,她是光芒四射的典范。

策展人对梦露的高度肯定,特别是对她作为妇女解放运动先锋的肯定,还具体体现在整个展览所集中呈示的梦露语录上。事实上,这些穿插在展览中的语录牌,在很大程度上,彰显了梦露的语言所具有的挑战性,以及她的典型的现代逻辑——或反逻辑。她当然不是一个一般意义上的思想者,但至少对策展人来说,她以自己的行动,甚至以自己的死亡,实践了她的现代生活"哲学"或生命主张。她既非"尤物",也非"祸水",而是一个人——有代表性的现代人。叛逆而又无助,独立而仍迷惘。不妨把她的那些语录抄在这里:

> 我有太多的幻想,使我无法成为家庭主妇。
> 如果我服从所有的规则,那我就哪里也去不了。
> 我在床上穿什么?当然是香奈儿NO.5。
> 我为了成功而活着,而不是为了取悦你或任何人。
> 当我独处时,我修复我自己。
> 恐惧是愚蠢的,后悔也是如此。
> 回过头来看,我猜我过去一直在表演。
> 对我来说,曾经发生过的最美妙的事情,就是我是个女人。

> 我并不想在渐渐变老时做整容手术,我要忠实于我自己的脸。

现在回想起来,2016冬天在阿姆斯特丹水坝教堂里逗留的时间,其实是非常短暂的。但我一直记得,从教堂走出来的时候,友人和我都很长一段时间没有说话。我们其实都感到了以梦露来作为女性解放的代表,所具有的反讽意味,乃至灵魂深处的寒意。

尽管我们都知道,在教堂进行世俗性的展览,对现在的欧洲而言,已不是什么新生事物,但直到今天,我却还是对这个特别的"梦露展"的意义,无法给出准确的判断。

友人曾说,在有"自由之都"之称的阿姆斯特丹举办这样的展览,并不值得诧异。因为在现代的、自由的逻辑中,一切皆有可能,甚至颠倒乃至无视神圣,也是一种可能。但我却倾向于认为,这个展览有某种象征或隐喻成分。至少它促使我们思考:梦露们所集中代表的世俗生活样态,是不是一种新的类宗教形式?是对传统价值形式的有效翻转,却也喻示着一种悲剧性的人生选择?

这,也许就是我对两年前的那个偶然的经历久久不能释怀的原由?

甫跃辉

语 文 课

新书的气味也是新的,凑近闻一闻,似乎时间即将重新开始。抚摸着挺括的覆了一层膜的封面,心情真是好到无以复加;然后,翻开书的第一页,一本一本写上自己的名字;再拿出事先准备好的报纸,一本一本包好;最后,压一压报纸,报纸伏帖了封面,这才放下心。这么多课本,要说我最喜欢的,自然是语文。我总是迫急地翻开语文书,看看有哪些插图。我仍记得那些插图:低飞的燕子,江中的竹筏,小狮子爱尔莎,河里捞起的金斧头,一座椰林摇曳的海滨小城……语文书是彩色的,古代的世界、外面的世界都是彩色的。

语文老师是班主任余庚兴老师。教语文,余老师是很有几样法宝的。

第一样法宝,背诵大法。本来嘛,有些课文后面,已经有背诵要求,"背诵课文第三到第五自然段",只有古诗,才会写着"背诵全文"。余老师不管这一套,他要求我们,所有课文都得背下来——更准确地说,是所有没要求背诵的课文都得背下来,那些写明背诵第几段的,反倒可以照旧。我们于是都盼望着课文后写着要求背诵。不知是否因为得过极严重脑炎——严重到被医生断言活不过三天,我的记忆力一直不大好。每天放学回家,从田地干活回来,我得花大量时间背课文。自然不会安安稳稳坐屋里,有时爬上枇杷树,有时爬到耳房顶。啪!瓦碎一块。小心抬起脚。啪!另一只脚底下,瓦又碎一块。久而久之,屋顶好大一片碎瓦,我偷偷用檐口内的瓦置换了。

无论在屋顶,还是在树上,只要不下雨,我总会一边大声背诵课文,一边呆看落日。落日慢坠,逼近青山,真是好看。落日陷下山坳,如戳破的溏心鸡蛋,散开满天霞光。大地上,一条黑线由西朝东涌来,爬过田塍,越过房屋,跨过河流,什么也阻不住它。大地昏晦,沉静,风吹过世上所有的生命。世界包藏了比光明之时更磅礴的力量。

也不知是什么原因,有一阵子,我的记忆力发了疯,头晚读一遍课文,第二天到余老师跟前,便能全部背出来。这让我既惊且怕,生怕这样的光景不能持久。果然,不到一学期,过目不忘的神迹再没降临到我身上。

余老师的第二样法宝呢?是抄写大法。这可谓背诵大法的2.0版。"好记性不如烂笔头",余老师如是说;而且,他一向是两手抓两手都要硬的;而且!这次是绝无厚此薄彼了,不管课本上什么要求,一律全文抄写。

我们叫嚷一阵,也便接受这样的安排,而且加倍接受——我们总会提前抄写。当然了,这是不能让余老师知道的。得准备两三本抄写本,刚上第三课,已经用不同抄写本抄完第四课第五课了。那时,作业本不是容易得到的。如果只有一本作业本,我们便会在抄好的第三课后空出七八页,这才抄第四课,第四课后又空出几页,这才抄第五课,然后再把第六课抄在三四课之间……如此,翻开(切记切记)的抄写作业交上去,余老师只会在第三课后打个红勾,再写上大大的

"阅"。可凡事总有例外,有同学的作业本发下来,所有提前抄好的课文,红勾大"阅"赫然在目。同学捧着惨遭提前临幸的作业本,比窦娥还冤比黄连还苦。再布置抄写,他只能重抄一遍。余老师呢?微微一笑。

提前或按时,不都得抄同样多?还得冒多抄几遍的风险。我们那时是不会这么想的。只想着提前完成,便卸下了一副重担。

余老师这第三样法宝,乃作文大法——不,或许应该叫数数大法。写景状物写人记事,余老师这么教写作文,对作文的评判却不管这一套。余老师说,考试时,作文满分三十分,一行一分,写满三十行,便得三十分。平日练习也这样——我们在自习课上写作文,班里刚组织野炊回来,题目自然是"野炊"。我说,我写到搭锅做饭,已经十五行了!同学说,我才写到上山,快二十行了!另一位同学大声说,那算什么!我还在写准备锅碗瓢盆呢,快写够了!教室里你攀我比,互相伤害,公正公平。

后来,直到我们像普鲁斯特那样,能够把一块甜点心写得像一片土地那样广袤,写得它开出满地的大红花,余老师才开始品评点心里的芝麻绿豆。

印象最深的,一是他说我写的池塘里"金鱼像太阳那样红"不准确;二是他给我画了一条波浪线——那是命题作文,要求写妈妈。妈妈怎么写?我想从外貌开始写。外貌怎么写?无非眼睛鼻子耳朵嘴。可眼睛鼻子耳朵嘴怎么写啊?我想不出特别的,就想着,不如写手吧。真就老老实实写手。其中有一句,"妈妈手臂上有一层绒毛"。作文写完了,读给我妈听。读到这句,我妈白我一眼,说我又不是猴子。我不服气,觉得确实能看到一层绒毛嘛,谁的手不是这样呢?作文批改下来，余老师恰巧在这句底下狠狠地画了一条红红的波浪线。这大波浪什么意思？并没一句批注。我不好意思问，余老师也不说。但我一直琢磨啊琢磨。大概还是写得不够准确，也不够"美"吧？准确，本应该是美的。

细细回想，余老师的法宝还不止这老三样。

四年级以后，我常帮着余老师刻印蜡纸。再后来，我们班竟然没一个人没刻过蜡纸。余老师要求我们，每人出一套语文试卷，考一考别人，也考一考自己。那真是盛大的狂欢，大家想尽办法找难题，掀起了刁难别人愉悦自己的学习高潮。

余老师自然是更喜欢刁难我们的。他手边有本封面乌暗的厚厚的四角号码词典，说查哪个字，他总能迅速报上一串数字然后翻到那一页。说"甫"，他立马答5322；说"跃"，他立马答6218；说"辉"，他立马答9725。全班同学的名字都被换成数字了，可我们完全不知道他怎么换的。"横一垂二三点捺，叉四插五方框六……"这口诀让我们对世界生出迷茫，对他顶礼又膜拜。五年级某个周末，到县城新华书店，我发现有一模一样的词典，让我爸一咬牙买下来，回家钻研半小时，磕磕绊绊会查了。一上学，我就宣告，我知道怎么回事了！那天，课堂上，余老师问，你说"余"在哪一页？我答，8090；又问，"庚"呢？答0028；再问，"兴"呢？答9080。余老师点一点头，微微一笑。两个地下工作者终于接上头了。

余老师还动员我们订报纸，我订过几年《中国少年报》，还有两三位同学订了别的。余老师的本意是，让我们交换着看。但我们舍不得，拿到报纸就赶紧藏回家。那时候，订了一份报纸，这事听着真够牛的。外面的世界，就这么每星期按时来到我们手中。

我们也有慷慨的时候，比如早读课上。只要余老师不来，我们总忙着交流头晚看的港台电视连续剧，令狐冲小李飞刀白发魔女们在唇枪舌剑里闪转腾挪。这时，总有个同学大公无私，舍武林大会于不顾，伸着长脖子，甘当小喽啰。余老师来了！同学喊出这句，那个骑单车的人在两百米开外。哦，不是他。喊出这句，那人到一百米开外。啊呀！是他！喊出这句，单车已在楼下停好了。我们慌忙翻开课本，摇头晃脑苦读起来，那歌唱般的语调婉转极了。还有失误更严重的。有一天，把风的同学老早报出"敌情"，却又暗自嘀咕，余老师怎么没骑车呢？待那人进到学校，更困惑了，竟是个瘦小的中年女人。余老师标志性的大草帽怎么会戴在她头上呢？原来，那是师母，她是到学校跟校长请假的。余老师重感冒，不能来上课了。我们没心没肺，暗暗有些高兴，心想语文课可以不用上了！

福后总跟着祸，语文课变成自习课，没想到体育课却也变成自习课了。——我们的体育课，有时是余老师兼着的。——所以说，语文是体育老师教的，这话于我并没错。

余老师怎么教体育？差不多全然忘却了。只记得为庆祝六一，举行全乡小学生体育比赛。全班从四月就开始准备。跳高跳远长跑短跑爬杆铅球，同学们各展身手，功力深厚。矮小的我站在队伍最末尾，甩着两只手没事可干。余老师或许觉得我这班长不参加武林大会太没面子，就让我负责跳绳。跳绳我可不行，只是让我帮三个练跳绳的女生数数。最终，竟有个女生得奖了，似乎我这个还算识数的班长也与有荣焉。——当然咯，六一可不是白过的，要写作文！才写到五一，我已经写够三十行了。

杨　扬

路边书店

　　人世间有很多美丽的风景,书店就是其中之一。一些最美的书店变成了城市生活的一道风景,让人驻足其间,流连忘返。但对于真正的爱书者来说,什么是最美的书店,各人的理解是不同的。最美的书店未必都能买到理想的书籍。我曾去过几家最美书店,很想有意外的收获,但光顾之后基本上都是空手而归。节假日去时,人满为患,当然,大多数是慕名而来的游客,不是购书者;平日里,门庭冷落,书是可以尽情地翻阅,但与网上书店七折八扣的书价相比,也就打消了买书的念头。我问过很多人,什么样的地方可以称得上是理想的最美书店?回答是五花八门、各种各样的,但我想不管怎么说,书店总是要与书的买卖有关,而且要让那些买书人,来了还想来,日日夜夜,朝思暮想,长久地牵挂于心。这种吊足了买书人胃口的地方,才是理想的最美书店。

　　华东师范大学附近有一条偏僻的小路,路边都是居民区,街面是一字排开的小店铺,卖水果的,修车的,做饮食生意的,还有修修补补的裁缝店,进进出出都是拆迁过来的普通百姓,你怎么都想不出,这样的地方还会有书店,这样的地方还会有人来买书。不过世界之大无奇不有,不知道什么时候,这里真的冒出了一家书店。说它是书店,很多人不同意,因为除了店老板在门楣上挂了一块书店招牌外,实在很难判断它是不是书店。每次我开车经过,都会放慢速度,看看这家店,吃不准这里是不是书店。书店与餐饮店和修摩托车的店铺挨在一起,早上七点多就店门大开,里面永远是黑乎乎的,不见有人。从车窗上望过去,犹如见到一张张大的嘴巴,黑咕隆咚,看不清里面有什么。书店门口时常有一些闲人聚在一起,太阳好的时候,常常是一堆人围着看下棋,阴雨天则是空空荡荡。这样的书店真的有书可买?我感到好奇。

寒假下雪,午后的街道人迹稀少,书店照样开着。我将车停靠在路边,想进去一探究竟。店里真是黑漆漆一片,也不见人影。我正要退出,背后传来声音。"干什么?""买书。"我赶紧退出来,回头看到一位中年壮汉。听说是买书,他一脸堆笑,让我把车停到街面上,免得吃罚单。他进屋打开电灯,里面的确是一间卖旧书的书店,但乱七八糟的,紫砂、麻将牌、旧字画、瓷花瓶等,似乎什么东西都有,堆得满满当当。书架上还架着一张床,估计老板就睡在这里。我没有多说,先俯身看看书架上的旧书。书大多是文史类的,但翻着翻着,我就完全被这些书吸引住了。这些书绝大多数是文史专业书籍,而且,大都是1966年以前出版的,如"工农兵文艺小丛书",荒草著的《论部队文艺》(新文艺出版社)、中国青年出版社出版的《高玉宝》、满涛翻译的《别林斯基选集》第一、二卷等;还有一些则是1949年前的,如苏南新华书店印行、周扬编的《解放区短篇创作选》,艾思奇著的《大众哲学》(重改本),胡绳著、华夏书店发行的《理性与自由——文化思想批评论文集》等。其中有关茅盾的作品和研究论著,可以说是非常齐全。一套五十年代人民文学出版社出版的《茅盾文集》上,签着我熟悉的中文系老师的名字。我大概猜出是谁的藏书了。另有一大批历史类图书,主要是中国近代史研究论著,其中有不少是作者本人的签名本,但接受者是同一个人。

挑了一会儿,我已是十指黑黑。直起腰来喘口气,乘机问老板这些书是哪来的。老板望着我挑出的一大堆旧书,好像预感到今天的生意有了开张的可能,满面笑意。他告诉我自己来上海收购废品已十来年了,跑遍了上海的很多街道,收了很多很多的旧报纸、旧杂志和各种书籍等。慢慢地觉得收来的废品转手卖给人家似乎有点亏,因为有的书籍拿到旧书店去卖,似乎价钱比卖给别人更贵。这样的一来二去,老板干脆在郊区租了场地,将收来的东西堆放在那里,然后慢慢分类,在市里再找买家出售。老板一边述说自己的辉煌历史,一边又问我一些上海文化人的名字。"先生,巴金你知道吧,我以前收来一大堆巴金的材料,后来二万元卖给一个人,再后来我看到报上说拍卖行在拍卖巴金的材料,仔细一看,就是我卖出去的东西,八万元拍卖成交。我真是悔死了。还有,施蛰存你知道吧,我收到过他的一本手稿,上面密密麻麻写了很多字,那时我不知道施蛰存是谁,标价一万,后来一个人从我店里八千元买去了。"老板说得激动,手舞足蹈。我宽慰他说可以啦,你废纸的价钱买进,几万几千卖出,已经可以了,做人心要平。看我挑出的一大堆书,老板给了一个价,我很爽快地答应下来。我问我买下的这些书哪来的,他说有的大学老师去世了,他们的后人不做这个行当,觉得书堆在家里太占地方,就叫他去收废品,这些书就是从很多人家家里收来的。我知道中文系那位研究茅盾的老师很久前病逝,但没想到会在一个收废品的店里邂逅他的藏书。老板很满足地递给我一根烟。我说不抽烟。老板说你这人怎么买这一大堆旧书,有什么用?我问还有什么收到的吗?老板问手稿要不要？我说可以看看，不过得过几天再来。

过几天我真的又去找老板了，老板也真的弄了不少旧牛皮袋装的所谓手稿。其实这也不是什么手稿，而是一堆破纸片，其中有油印材料、稿件、笔记本、信件等等，全都混在一起。我打开一个又一个牛皮袋，一刹那间呼吸好像有点停止，有一包材料竟然有很多份《文学战报》，其中有一期是纪念《在延安文艺座谈会上的讲话》发表二十五周年，第三版有一篇署名文章，内容涉及"大连会议"与茅盾关系。看到这篇文章，我高兴得差点跳起来。以前听一些茅盾研究者说起过中国作协有关部门曾将茅盾的一些文艺言论汇编成册，但一直没有见过该材料，而《文学战报》上的这篇文章真正是一份重要的历史证据，这在以往研究中从未有谁提及过。最后翻到的牛皮袋里是真正的手稿，上面有当年《人民文学》的信封，里面装着退回来的小说稿件以及一些会议资料。我一看到这篇小说标题，就知道是谁的东西了。随后的几本笔记本，每一本封面上都写着这位作家的名字，他是五六十年代上海的一位工人作家。在这样的书店购买到这样一批历史材料，让我感到意外。站在昏暗狭小拥挤的店铺里，翻检着一大堆破纸片，感觉却是非常好，好像到处都有东西在暗处闪闪发光，在向我热情招手。翻了大半天纸片，人感到有些乏，只得先跟老板结账，余下的等年后再说。晚上给朋友打电话，说起买下的材料，朋友大大奚落了我一顿，说花几千元真是不值。但对我而言，却是研究中可以派上用场的。

新学期开始，我想着再去这家路边书店看看，但意外的是因为书店属于违章建筑，被拆除了。好多年都没有遇到过这样神奇而理想的书店，它奇迹般地出现，又快速地消失得无影无踪。这梦一样的书店，真不知道哪里还会遇见？

田洪敏

我只敢在正午的灼日想起你

有些地方，我们的到来就是为了迅速地离开。

于我，大概来到克拉科夫或多或少也会有着这样的情绪。一直到离开我也没有记住当地货币的名称，和酒店对面的一家便利店的姑娘学了好几次的波兰语"谢谢"也没有记住发音。如果不是碍于诚信，答应一定要去雅盖隆大学参会，我大概是不会专程去克拉科夫的，似乎也是放弃了背包客一般的热情了。毕竟往返几日，舟车劳顿，时空作祟，去之前的准备和回来之后的调整，都是有着两边不靠谱的延长线的感觉。在浦东机场办理行李托运，那个姑娘问了几次：慕尼黑转克拉克？我耐心地纠正：中文是克拉科夫。心里也想着除了箱子本身蛮喜欢的，里面的东西也不是什么细软——好像也做了行李会丢失的准备。

转机要晃荡近五个小时，从慕尼黑到克拉科夫的飞机上，我四周扫了一下也只有自己一个亚裔面孔，有些落单儿，没有依蔽。一个小时多一点儿的样子就到了克拉科夫，一个类似国内中等外埠城市长途汽车站样子的机场，行李等了好久，居然没有丢，瞎操心。

五月的欧洲还是有些寡淡的冷，天色灰，总是有水汽的样子；从机场到酒店的路上我也认为这个城市与自己的理解没有太大的差别：未进入主城之前的街衢偶然会看见类似于苏联1950年代的楼房，不过我也没有强化这种历史感。一个人，大概是不应该因为自己与文字，与历史的交道就有了应然的自恃，认为有资格言说自以为熟悉其实是陌生的地方吧，似乎也不该应然认为自己就可以宣布进入他人的心灵主权。建构的冲动与现实的辩白大概是今天东欧各国面临的语境，摒弃掉自以为的阐释与言说的精神特权是需要警醒的：霍布斯鲍姆认为二十世纪是短暂的一百年，在损失惨重的一战的尾巴上开始，以"东欧剧变"结束；可是相对这片土地，按照这个逻辑再向前推进一百年，似乎也是"短暂的"。我选择放弃阐释的愿望，毕竟那是必须审慎对待的领地。所以也或者是因为时差，也或者是因为清冷的空气，我基本是头脑麻木地扔下行李就赶到了会场，没有什么呼咦嗟兮之声。

仪式感是学术会议安排在雅盖隆大学主楼内一个中世纪的礼堂里，雅盖隆大学被誉为欧洲最古老的大学之一，确切的建校时间是1364年，荣誉校友只要提一下哥白尼就足够了。后来的小组讨论给我的空间幻觉好像又转至在地下室里，街上阳光明媚起来，可是一进入会议室还是冷，极为清寂，这或许也符合欧洲现代大学想象：热烈自由的激辩和寂寞孤独的研究如影随形。

语文系常年亮灯，七拐八拐的楼梯边儿的小桌子上方也会亮起一盏灯，坐在那里看书我时常犯困，立起来走进不同的办公室里，古老地板咯吱咯吱的声音很有乐感，很安心，也似有用冷水激灵醒来的功效，就好像在安静的咖啡馆里突然听到咖啡豆在机器里轰隆隆翻转的声音，有一种闹腾的乐儿。其实，语文系缩水得厉害，那些凭借文学研究走向思想史或者文化学的人都像是文学的革命者，他们怀着不相宜的好意偶尔洄游，带着体面的矜持与自信，那个感觉是不是有些类似当年哈佛商学院隔洋看英伦古典大学的样子，就是这么复杂难缠的学术困境和世俗思绪，语文系的教授普遍厌倦诸如"自我认同"与"解构"这样的概念，或许还是眷恋文学自己的本体吧，——无论如何语文系今天是很多东欧国家学术坚守和变革的起点，相对或者背对而行也都是在寻找自己的坦途。

有限的在克拉科夫的几天里一直有同行者罗马尼亚布加勒斯特大学文学系的教授Mada陪同。据她自己的描述是发现参会名册中有一个来自中国的人，她寻觅亲人一般不费力气就在会议第一天的晚宴中发现了我这个唯一的中国人。Mada属于那种极端热情的拉丁风格的女子，她用词蛮夸张，说起自己国家地形的起伏和水系的伴随，她说好像是镶嵌着蕾丝边儿，她偷偷问我波兰国旗为什么是两种颜色而不是三种颜色，我憋着笑，觉得她这个来自邻国的人都不知晓，我也觉得捣乱般欢乐。

Mada自己坦言最初因为喜欢中国菜中国功夫喜欢上中文，据她自己讲一次读到"大片大片的雪花开始簌簌飘落"，她彻底惊叹于"簌簌"的美，几乎是神魂颠倒地爱上了中文，虽然一起就餐的时候，她说得最流畅的还是"吃——吃——吃"，她的不知道哪个中文老师告诉她这是中国人欢宴时候的客套话，所以她一直和我说"吃——吃——吃"，我就差疯了。她也喜欢庄子，我看着她自在的样子也想起来一个颇为"庄子"的词——在宥。Mada还人来疯在空旷地给我练上了一段太极，很是入境，她列举的中国太极高人我也不知晓名字；我看她女儿练习武功的视频，脚下虎虎生风，以为是哪个派别的掌门云游时收的徒弟呢。

和Mada在一起很欢乐，特别是在五月椴树盛开的季节，因为有在俄罗斯生活的经验，椴树是我准确辨识的树种之一。侨居诗人叶甫图申科曾经描写过五月椴树新鲜的气味，描写过它黏润的青春的嫩叶子，也写过"望向窗外／院子深处的椴树蓊郁起来／叹息：为什么还不落雪／要知道是时候落雪了"，多么感伤的诗句。椴树在东欧平原不是什么贵重树种，生命力强大，椴树蜂蜜也是再普通不过的家常吃食，路边农人兜卖的密密匝匝挤在一起的蜂蜜罐子里，椴树蜂蜜价钿最可爱。在克拉科夫Mada跑到树下，拼命赞美它的香气，我都觉得她应该去演舞台剧了。

说起来很是戏剧性，我还是利用一天去了华沙，从克拉科夫搭上火车，东欧平原渐次在阳光下朗阔起来，天空也飘着传说的棉花糖，牛儿在远处信步，那个德行好像是愿意吃草就啃上几口，不愿意吃求它脸也会别向一边的——五月赞美诗一样情谊绵长；记得我曾经到过乌兰巴托，见过有些斑驳的草原上牛儿就急促许多。

不能免俗，在华沙还是去寻觅了"肖邦之心"的圣十字教堂，位于华沙大学对面，说它不起眼是我在教堂四周转了转也无法完全确认是不是这座教堂，并非是肖邦拥趸所认为的那样"游客络绎不绝"，问旁边一个小警察，他也不知道，我们对着地图确认了一阵子才指认眼前这个不大的教堂就是圣十字教堂；故事里说肖邦在去国之前常来此做礼拜：年轻，瘦削，岑寂而敏感，这些似乎也是一些影像或者文字里的波兰映像，不过是音乐，是肖邦，还有法国和乔治桑，它们合力圆满了音乐之心，抚慰了渴望走进音乐花园的心灵。

雅盖隆大学的苏哈涅克教授问，为什么中国人那么喜欢肖邦，他接着补充说日本人也喜欢。是的，音乐殿堂我是不配走进的，可是东方人似乎都喜欢肖邦：想起波兰，没有了解，想象也支离破碎，愿意想起肖邦总是欢喜的感受，类似于想象这个国家在用拉丁文完成乡间诗歌的时代，类似于维吉尔的牧歌还在影响这个国家的时代。进去教堂，其实不太容易寻找到哪一根廊柱属于肖邦的，问了在里面做礼拜的一个中年女子，聊了几句，她好像还能说些俄文，顺利找到了那根廊柱。

我问出生于1937年的苏哈涅克教授，那么，还记得一点二战的情形吧。"光明来得太迟了"——他简单描述了几句用这句结尾。八十一岁的老先生还是穿戴整齐，随身带着干净的手绢，还有清新口气的小糖豆儿，思维极端敏捷开阔的老头儿。大概是刻意摈弃学问自我指涉的浪漫主义影响，在六十岁的时候他离开了几乎工作一生的语文系，组建了斯拉夫世界的现代移民学研究。

其实，克拉科夫或许算是我们眼中的小城，但是并非偏安一隅，它位于被称作"小波兰"的地方，历史上曾经是波兰首都，学者们无法论证它何以会在二战中没有被毁掉，中世纪的建筑得以完整保留。彼时华沙已经有百分之九十以上的建筑被毁，今天行走于华沙老城，见到的所有巴洛克建筑据一位学者讲都应使用过去时态来表述，算是在每一个语词里都嵌入记忆。

雅盖隆大学的所有师生无一在二战中幸存下来，主楼门口的纪念雕塑在正午的灼日下格外刺目，它们的风格给我的感觉都是二战之后"成吨的瓦砾"的衍生品，因为不懂波兰文，不知晓那些字母里都写着什么。据说一个纯粹的学者应该是怀疑主义者，必须具有证伪的能力。不过,有些时候在无力面对历史事实的时候,他们也会说,大概只有这样的地方这样的人才能承受这样的痛苦。

离开克拉科夫的时候,我发现在车站附近行乞的哥们儿旁边多了一个同道者,几日前他面前摆着一个行乞牌子,上书:For Beer。周围路过的男子都被这种单纯所感染,毕竟在正午的灼日里,奉上一枚硬币助力哥们儿去买杯啤酒还是很仗义的。

唐小兵

哈佛的课堂

曾任清华大学校长的梅贻琦先生有一句名言广为流传："所谓大学者，非谓有大楼之谓也，有大师之谓也。"访学哈佛之前为了练习英文听说能力，就曾经在网上聆听哈佛政府系名教授桑德尔的通识大课《公正》，深深为之折服——面对上百人的大课堂（在哈佛鼎鼎有名的纪念堂大厅授课），从一些充满争议和分歧的社会政治议题切入，援引西方政治哲学的思想资源展开激辩。桑德尔教授既是一个课堂的主持者，又是一个高质量讨论话题的激发者和引导者，同时还是讨论的平等参与者，这三重身份在他不紧不慢游刃有余的操持下自由切换，相摩相荡，激发出无尽的智识趣味与思想灵感。在这种课上，我们才感觉到哈佛的校训"真理"（Veritas, 1643 年）绝非一句空词，而是真真切切地落实到课堂之中，与此相应的是爱默生楼顶上的一句别有意味的箴言："WHAT IS MAN, THAT THOU ART MINDFUL OF HIM."（人类何为，值得您如此眷顾？！）这句话显然是让成长在哈佛园的知识精英永远保持一颗悲悯和谦卑的心灵。所谓教学相长，莫过于此，教授并不自认为真理的掌握者和代言人，而是与一群年轻而卓越的爱智者在哈佛园孜孜以求的探索者。

遗憾的是我在美国这一年,正值桑德尔教授学术休假,未能旁听其名闻天下的大课(但后来有一个特殊的机缘聆听其与一个中国学者对谈,现场感受到了桑德尔作为哈佛名教授没有任何智识上的傲慢和身份上的清高,打开心扉聆听来自中国的学者和学生的有关正义、平等诸话题的提问和发言,并作出坦率而敏锐的回应,算是弥补了这个缺憾)。

出国前一个曾在美加等国师从名师留学也曾在哈佛访学的同事谆谆告诫,到了哈佛一定要克服英文障碍去旁听面向本科生的大课,认为那才是哈佛的精华所在。因此去年秋天哈佛开学前夕,我在选课市场上也shopping了好一阵,先后以"知识分子""阅读史""中国研究"等为关键词进行课程检索,很偶然地发现了历史系的大学教授(University Professor,是对最杰出教授的聘请,据说全校只有二十四位)Ann Blair开设了一门有关欧洲启蒙运动前后直至当下的书籍史和阅读史的本科生课程,抱着试一试的心态在上课前一晚深夜(因为之前好些同来访学的学者或学生申请旁听一些课程没被允许,弄得我已经有点忐忑和意兴阑珊了)给教授的邮箱发了一封希望旁听课程并自我介绍身份和研究兴趣的邮件(因我在哈佛燕京学社的研究计划就是一项关于民国时期的书籍史和审查体系的课题),第二天睡到自然醒才想起检查邮件,发现教授在深夜就给我回信欢迎我去旁听课程并建议我在第一次课后自我介绍。这时候离教授下课也仅剩不到一个小时了,我赶快洗漱,安排孩子吃好早餐,将他托付给同来访学的一个朋友就步履匆匆地赶到哈佛园里的一栋古色古香的Sever Hall的202室,这时离下课只有十分钟了,我站在教室门外聆听了一会极为汗颜,后来鼓足勇气厚着脸皮推门进去旁听了最后的五分钟。等教授下课后就跟她见面,稍微自我介绍了一下,并表示歉意。就这样开始,我风雪无阻地坚持听完了整个学期的书籍史和阅读史课程。

正式修课的大学生只有十来位,旁听的学者大约也有十位左右,包括每次拄着拐杖结伴来旁听的三位白发苍苍的老太太。Ann教授是一个极为温和平易的美国知识女性,她采取的是典型的美国式上课方式,对于这个主题的历史脉络及相应的关键问题都烂熟于心,对于相应的学术研究文献也非常了解,围绕手写本、书籍的出现、印刷技术的更新、书报检查系统的运作、纸质阅读的形成与分化(精英阅读与大众阅读)、电子媒体对书籍和阅读的影响等主题依次展开。每次课都会提前给学生和旁听者发放几页与课程内容相关的提纲或者关键性史料。我记得上阅读文化那次课,给每个人发放的是一些打印出来的丰富多样的阅读场景绘画,有不同空间、时间和人物角色沉醉于阅读世界的情景。我拿到的那一张是一个八九岁的男孩子给已经垂垂老矣卧病在床的祖父朗读的油画画作。有一次讨论早期欧洲书籍的装帧、设计与版本问题,则每个听者发放一本很古老的书(一般都是一两百年前出版的,我拿到的是《哈扎尔辞典》),让每个人面向其他人简要介绍所持书的"物质层面"的特点,比如书封皮的设计、纸张质地、语言文字的特征、排版方式、有无插图、版权页等。这种形神兼备图文并茂的方式,很贴近书籍史、阅读史的旨趣,让我们不仅仅是在接触和追溯一个抽象的"文化史",而同时在实质性地触摸和感受"书籍作为物质存在"的变迁史,虚实之间,历史宛然。Ann教授讲授过程中,随时欢迎听者提问或穿插评论,有几个同学极为敏锐,经常能提出极有意思的问题,而因为学生来自不同的印刷文化传统和阅读的谱系,所以问题五花八门,就容易形成多元的"历史理解"与"价值观念"的碰撞和交流。史无定法,学无定见,是为爱智者的自由。Ann教授既将学生引领进入书籍史、阅读史的"历史脉络"以重建消逝在历史长河中的过去,同时也带领学生进入有关这个新兴研究领域的"学术脉络"以定位自身在这个学术谱系中的位置,在这个前提之下再欢迎学生的提问与评议,形成了一种"进入脉络,独立思考"的课堂氛围。所谓批判性思考的心智与能力也就在这个春风化雨的过程中自然滋长。尤其难得的是,Ann教授也经常带领学生到哈佛的类似中国的善本书库去"触摸"那些躺在书架上的古籍,让学生亲身感受不同历史时期的书籍的"物质文化特征",也曾引导学生去观摩和体验活字印刷等"制书的技艺"。她曾专门给我写信推荐了英文世界里有关censorship的经典著作,首推罗伯特·达恩顿的 *Censor at Work*,对我的研究极有参考价值。这门课程结束的时候,Ann教授还邀请所有选课和旁听的学生、学者去她位于哈佛街的住宅晚餐聚会,她预订了印度菜肴,还准备了各种点心和水果。那是一个极其寒冷的波士顿之夜,但在教授家里的聚谈却是如此的如沐春风,情谊弥漫。从教授家出来踩着积雪穿过哈佛园步行回家的时候,我不由得想起了《吴宓日记》里记载的吴宓、陈寅恪、汤用彤等百年前的中国留学生与哈佛教授兰曼、白璧德等之间的交游往事。时空交错,唯一不变的是师生之谊,这个夜晚成了我在剑桥这一年最难忘的记忆片段之一。

来哈佛的第二个学期在哈佛燕京图书馆的212教室旁听了费正清东亚中心主任宋怡明(Michael Szonyi)教授的大课"中华帝国晚期的社会与文化(1000—1800年)"和东亚系名教授王德威先生、李惠仪教授合开的通识课"中国故事：传统与转型"。同一个空间（小教室，对面就是宇文所安等学者的办公室，这栋小楼也曾是费正清、史华慈、孔飞力、余英时等前辈学者的研究室所在地），每周不同的时间，学生也有一些重叠，都是关于中国的大课，确实构成了一种奇特的互文效应，也彰显了中西学者授课方式的差异。Szonyi教授每次安排了大量的史料文献阅读，同时穿插一些与讨论主题相关的研究著作、时下评论等。每次一个半小时的课程时间极为紧凑，黑板对面是一个大挂钟，Szonyi教授不时看下时间，掌握进度。他的课堂极为生动活泼，富有张力，我称之为苏格拉底式的授课方式。在课堂上他会结合材料和主题抛出一个又一个环环相扣的问题，将讨论引向深层次的讨论境地。Szonyi教授掌控课堂讨论的能力真是一流，而同时也特别注重日常生活经验与学术思考的对接。济济一堂的学生同样是来自世界各地，具有完全不同的对于传统中国的印象、理解或感知（有些甚至是一片空白！），本来以为这门课程会比较难调动气氛而略显沉闷，没想到Szonyi教授这个演讲天才和语言大师，在方寸之地纵横捭阖，时而斜坐讲台之上，时而行走课室之中，时而低首饮茶沉思，时而抬头遽然发问（此时此刻往往两眼炯炯有神目光如炬），有时候讲得兴致盎然甚至激情洋溢。坐满了学生和旁听者的教室略显闷热，他常常讲着讲着就满头大汗，边讲就边脱下外套，动作麻利，一气呵成如行云流水，毫无违和感（其情景不由得让我想起十五年前的一个秋夜，大学毕业初登讲台的我面向一众新闻系的大一学生讲授中国新闻史课程，因紧张忐忑而大汗淋漓，急切之下居然问同学：我可以脱下外套吗？多年之后仍有学生对此情景津津乐道记忆犹新）。而学期初仍是寒冬未逝，窗外哈佛校园里雪花飘舞，银装素裹，点点滴滴的白雪黏附在玻璃之上,如切如磋出一个历史与文化璀璨一时的朦胧世界。

王德威教授的课则显示出另一种风貌。王先生是中国学生熟知的温文尔雅谦谦君子的形象,台湾出生成长而在美国接受学术训练的王先生身上弥漫着从台湾的中国文化浸染的"君子人格",为学极勤奋且著作等身。在华裔学者之中,他的中英文写作皆臻上乘,尤其其汉语写作典雅而真切,字里行间弥漫着一种温情与雅致。更难得的是王先生虽然名重天下,但从不以此自矜或远人,几乎所有与他有过私下或公开接触的学者、学生都对他赞誉有加,而且是发自内心的认同。为人谦和,学问高远,两者居然完美地统一了起来,殊为难得,可以说是独步海内外华人学林。王先生上课与Szonyi教授风格大不一样,王先生讲授为主,注重对古典文学《西游记》和现代文学作者比如鲁迅、丁玲、张爱玲等人作品的细读,同时也结合一些相关的影视作品比如《孔乙己》《色戒》的片段,来阐释传统与现代中国之间千丝万缕的关联,同时也条分缕析地解析了左翼作家在作品与人生之间的张力及其困境。王先生上课总是一派斯文,男中音极有磁性,穿着极为得体讲究,头发纹丝不乱,在讲坛后来回走动时步履轻盈,举重若轻,讲课时脸上总是弥漫着微微的笑意,对听者充满了一种自然诚挚的情感,可谓将他念兹在兹的"抒情的传统"原则贯彻到了教学生活之中。他偶尔也会提出一些问题或了解学生对布置阅读书目的进度,有时候碰到学生不太长进或用心的情形,他也不温不火,毫不生气。因为研究领域有重叠,我私下多次向王先生请教,虽然是到了剑桥才结识(之前仅仅是在华师大思勉讲座上见到过一次),但很投缘,第一次见面聊天很尽兴也极为受益,深深为王先生的为人坦诚、学识渊博和言谈文采斐然所吸引,比哈佛教授常规的office time(一般一刻钟)整整多出了四十五分钟。后来为了一个具体的研究论文,又约谈了一个多小时,之后王先生还特地邀请我和另外一个访问学者去哈佛教授俱乐部吃午餐,当时也是窗外大雪纷飞,一片冰天雪地苦寒景象,室内的我们却谈兴甚浓,一腔知识分子的家国天下情怀难以自禁,有不知老之将至之感。

哈佛教授群星璀璨,学问博大精深,作为过客的自己也只能鼹鼠饮河不过满腹而已,可就在这些一鳞半爪的课堂记忆与感悟之中,又何尝不是一种静水流深的文化互动而又隐含了哈佛精神最深邃的内涵之一呢!

本 原

那"通关密语"
——爱因斯坦访问上海随想

> 科学和公众的距离,这是能量裂变的前提,将决定人类和社会的进步。知乎、知乎?那"通关密语"!那笑而不答的昭示!——题记

蓝天通透,看不到些许丝云。雪峰洁白,与旷达的苍蓝映衬,更加晶莹恬静。往下看,山腰间云雾忽浓忽淡,层次异常丰富,缭绕飘拂……立于瑞士首都伯尔尼市正义街的一个斜坡上,遥望东南方向的阿尔卑斯山脉高峰——少女峰,我在心中一直认为这是一首诗,纯净的远诗!

但我们决意放弃这次观赏瑞士名胜、世界风光胜地——少女峰的机遇。直抵伯尔尼之后,整个上海新闻代表团拜访正义街32号,瞻仰爱因斯坦纪念馆。

一

实际上,这缘由,全生发于一段特殊历史邂逅,以此而孕育的机

缘。其一为，1922年11月中旬、1923年初，当世界物理学革命徐徐开启大幕之时，爱因斯坦曾两次访问上海，欢迎及互动盛况皆为空前，海上知识界一时开口皆谈"相对论"，影响不可谓不大，写下世界科学文化交流史上的浓重一笔，在上海许多地方，留下深深的印痕。

其二则是，时隔八十多年，2006年4月初，上海市政府新闻办公室主要负责人，收到中国人民外交学会原会长、前驻德国大使梅兆荣转来的一封信，写信人为爱因斯坦的出生地——德国曼海姆市前常务副市长艾格尔博士。艾格尔在信中，郑重其事地介绍了爱因斯坦两次访问上海的情况，并附上几件材料，包括当时报章的若干报道。同时，在梅大使的陪同下，艾格尔博士又赴上海，与有关方面专门作了会晤。文汇报社领导以高度热情，组织一批富有才华的记者、编辑深入调查，抉微钩沉，于2006年4月24日首发新闻："一封海外来鸿牵出一段往事——爱因斯坦在上海与诺奖牵手"。并以此为契机，很有声势地展开了"爱因斯坦与上海"和"国际科学文化名人在上海"寻踪采访报道。历时三个多月，向读者奉献近二十万字文稿，数十张珍贵图片，新闻传播让爱因斯坦"重返上海"。

有此不可忽视的缘由，我们岂能错失造访世界上唯一的专门馆：爱因斯坦纪念馆。1902年，苏黎世联邦工学院大学毕业之后，青年爱因斯坦寓居于正义街32号。这是一段极为窘迫的日子，近两年工作无着，我曾看到过这样的资料，万般困苦的旷世奇才，只得在《伯尔尼城市报》登出一则启事——1902年2月5日的报纸："阿尔伯特·爱因斯坦，愿私人为大学生或中学生彻底讲授数学和物理学。本人持有苏黎世联邦工学院的教师资格证书，住正义街32号一楼，试听免费。"三年之后，也就是1905年，也就是在此困居之地，爱因斯坦拉开了影响世界物理革命序幕：这一年，在《物理学纪事》上连续发表五篇论文，提出三项都具有划时代意义的理论——光量子假设、狭义相对论、布朗运动和统计性解释。多年以后，有科学大家认为，凭狭义相对论的三篇论文就应该得三个诺贝尔奖。二十六岁年轻人，震翻物理学界，成为划时代天才！正义街32号，相对论诞生的地方。爱因斯坦纪念馆，瑞士首都伯尔尼的自豪。

二

典型的北欧古城、老街，没有大都市的喧嚣，没有灯红酒绿。哥特式建筑错落有致，建筑群中时有片片绿荫。这是名城，却刻意保留乡村的自然元素。细品，一道静谧、高贵、充满中世纪风味的气息迎面而来。石块"弹硌路"的正义街，走进32号，很有一点特别的感觉。在这个纪念馆徜徉，似乎没有那种年代的疏离感，历史色彩并不浓厚，人的思绪很容易穿越百年时空。眼前陈列的很多照片，我大部分在过往的杂志和书籍中看到过。爱因斯坦与爱人米列娃和新生儿子的合影，那是他在报纸上登启事，苦为稻粱谋的时候，他必须从事部分的家务，一手抱着幼孩，一手拎着炉子，到门外生火。幸好四个月后，在同学父亲的帮助下，被瑞士联邦专利局录用，成为三级技术员，衣食有了着落。我在纪念馆玻璃橱柜中看到一把小提琴，这是爱因斯坦的钟爱之物。少年时，在母亲近乎严苛的教育下，他七岁学琴，以至成为他的终身爱好。在研究科学之外，他最大的迷恋是音乐，可以说，音乐给了他研究上的灵魂，让他的生命变得迷人和生动起来。爱因斯坦曾写信告诉朋友，在他为"广义相对论"框架绞尽脑汁，困兽犹斗，无法突破之时，小提琴帮了他大忙。爱因斯坦侧身于厨房,一边拉琴,一边思考,指尖下的弦上,流淌出万般迷茫、不尽叩问、执着坚韧。这种状态,竟然持续两个多月……终于有一天,青年爱因斯坦在厨房内仰天大喊"明白了"！布展者在橱柜内安放这把提琴,当不是告诉观展者,这位伟大的科学家,也是一位风华绝代的音乐家,用心展示的应是一种特殊的苦难！

当然,在纪念馆中令我最为震惊的,还是那一套1905年《物理学纪事》杂志,前后刊登过爱因斯坦的六篇论文。正义街32号沿街的底楼一统间三十五六平方米,加上连着二楼的那间,声名煊赫的爱因斯坦纪念馆,也不过七十平方米左右。这套杂志在二楼的橱柜内,隔着玻璃橱柜相望八十多年前的杂志,透过历史云烟,心中所见,只有熠熠生辉。当人类即将进入二十一世纪之时,美国时代周刊广泛开展活动,评选二十世纪对人类作出最重要贡献的一位人物,1999年12月26日,爱因斯坦被评为世纪伟人。人们公认其开创了科学技术新纪元,是继伽利略、牛顿以来最伟大的物理学家。诺贝尔奖获得者维格纳曾指出,"我们所有人都在爱因斯坦的庇荫之下……"世界科学界人士认为,毫不夸张地说,根据爱因斯坦创立的科学理论,衍生出的发明创造,几乎涵盖了现代文明的每一个角落。电脑游戏、公共汽车、数码照相机……我们衣食住行的每个细节都闪现着爱因斯坦的影子！我非理工出身,说实在,对这些认知,缺乏切实的感受。当然,我深知,正义街32号,是爱因斯坦创立伟大理论的空间源头。

那天,接待我们的是爱因斯坦纪念馆馆长,一位年近六旬的女士。馆长很热诚,脸上总是挂着笑容,介绍得详尽而又生动。但很遗憾,我没有看到一件与中国相关的材料,甚至一张照片都没有。1936年底,国民党当局在上海逮捕爱国人士,"七君子事件"震动国内外,爱因斯坦通过他的中国学生，在美国获悉之后，以普林斯顿大学教授的身份，联合美国一批名校的著名教授，给蒋介石、孔祥熙等发来电报，要求释放"七君子"。当年的电报文稿还在上海的历史文献中有所载录。在中国抗日战争最为危急的关头，爱因斯坦联合大批美国教授，在美国二千多个乡镇进行动员，筹款支持中国人民反击日本法西斯。爱因斯坦曾影响和培养了周培源、束星北这样的佼佼者，他们回国后又培养出一大批更年轻、更优秀，乃至有世界影响的物理学家……这些情况，通过翻译我向馆长作了介绍。我特别讲了爱因斯坦曾两次访问上海的情况，其中发生了许多美妙而动人的故事。他受到上海知识界、新闻界隆重而热烈的欢迎，应邀在福州路工部局礼堂所作有关"相对论"的报告，在学界特别是青年学子中产生的影响，是难以估量的。即便是普通的上海市民，对爱因斯坦也是抱着深深的崇敬喜爱之情。爱因斯坦第一次途经上海访问的当天晚上，中国文化教育界在画家、书法家王震家里设宴款待爱因斯坦夫妇，上海大学校长于右任等作陪，地点在上海老城厢乔家路113号的王震居所梓园。岁月沧桑，梓园早已面目全非，但其所在的乔家路弄堂口，一堵白墙上的"乔家路简介"，不乏自豪地书写着现在已十分颓旧的弄堂历史，其中就突出而鲜明地记载当年爱因斯坦夫妇来梓园做客的故事。这小马路上的市民，把此当作一道绮丽的文化风景，口口相传，滋润了几代人。让爱因斯坦印象极为深刻的是，当邮轮在大海中破浪前行，即将到达上海的时候，收到了获得1921年诺贝尔物理学奖的电报。爱因斯坦和夫人米列娃在上海下榻的礼查饭店304房间，如今的浦江饭店标有专制铭牌，八十五年过去，整洁如斯……笑容洋溢的馆长女士，在我的话语声中，神情一下子有点懵，继之惊讶，

"真的？这都是真的！"转而又极其的严肃，当讲述到最后，我看见已经完全激奋的馆长，眼眶中闪眨着泪水，几次喃喃说道："太珍贵了，到上海去，应该去一次上海！"

我们要离开纪念馆了，馆长伸出双手，往下一压，要求大家慢走、停步。她快步走到一个大柜子旁边，拉开抽屉，取出一个大本子，翻译告诉我，这是贵宾留言册。馆长语速很慢，又极其认真地说，爱因斯坦与上海有如此重要、紧密的关系，我们真的一点都不知道，纪念馆没有这方面的展示，遗憾至极。希望上海新闻代表团能给一点弥补的机会，为纪念馆留下你们最想要说的话。

三

……

倏忽之间，伯尔尼这段令人难于忘怀的经历，已十年有余。在爱因斯坦纪念馆那本纪念册上写了什么？依稀记得大体的意思，准确表述很难想起。印象中，在我题写的时候，代表团成员小王是站在旁边摁动过相机的。我电话一问，小王回答很肯定："有啊，我不但拍了当时的情景，还拍了你题写的内容。""呵呵，有一段时间了，将内容存在电脑里，要回家翻找。"第二天晚上九点三刻，我收到小王发来的题辞内容图照及当时的一些场景照片。题辞内容清晰呈现：

> 1922年当爱因斯坦携夫人到达上海的时候，获悉了获得诺贝尔奖的消息。上海以最大的热情欢迎世界上最为伟大的科学家。伟大的科学家与上海有着特殊的友谊。我们

热爱爱因斯坦,因为我们热爱科学。在这里,我们将因为爱因斯坦而更加坚定对科学的探索!

落款是上海市新闻代表团全体成员的签名。时间:2007.9.21

回望这一经历,似有几分欣喜,但总觉得有一种缺憾,甚至是一种忽视。

为纪念爱因斯坦两度访问上海这一珍贵史实,及其所引发的社会反响,上海市政府新闻办会同有关方面,决定铸造一座爱因斯坦青铜塑像。既是永久的纪念,又可作为上海这座国际大都市价值追求的一个文化坐标,置放于最为适合之处,在人来人往的瞻仰中,形成鼓舞与激励。可能是综合因素使然,随后展开的却是一个令人唏嘘的故事。

初始的进展是十分顺利的,原驻德大使梅兆荣、前曼海姆市常务副市长艾格尔博士极其赞成这一想法,艾格尔博士以爱因斯坦故乡市长的身份,还争取到法国德高公司的支持,赞助十万欧元用于爱因斯坦雕像制作。上海油雕院雕塑家唐世储担纲主创,作品主体为爱因斯坦头部塑像。科学英雄是以其非凡的头脑,为全球人类作出了无法比拟的贡献,雕塑视觉作如此聚焦,应该说,不但具有艺术性,同时更具有人文性,其脸部为世人所喜爱的特性,自有一种无法阻隔的亲和力。整个雕像高2.7米、宽3米,2.6吨的净重,壮哉,这当是世界上最有气势的爱翁雕像。事毕,上海市城市规划局、黄浦区城市规划局批文同意把雕像置放于福州路外滩,临近黄浦江畔的一绿化地块,与当年福州路17号工部局礼堂一箭之遥,意在呼应爱因斯坦在此礼堂所作的相对论报告。多磨者好事居多,为迎接上海世博会,中山东一路外滩要修建地下隧道,所有黄浦江畔景观建设项目均停止,协调配合隧道工程的进展。以致爱因斯坦雕像竣工之时,德国前总理施罗德在梅大使陪同下,只能到原来的上钢十厂,当时改建为上海城市雕塑中心参加揭幕典礼。以后又遇上各类变化因素,雕像这一迁搁,在外滩安置一事,从延宕而成进退失据。

那是一个秋日雨天的下午,我特为赶去雕塑中心,又是几年过去了,爱翁安好否!撑着伞,在原址遛了几大圈,只见风斜雨疏,不见恢宏的青铜塑像,只得落寞而返。直至今年前些时,我方才知道,因为雕塑中心的改建,爱因斯坦雕像一度被锁在仓库。作为当时的主事者、参与者,心中感慨可以想见,白云苍狗,溯前尘往事,怎能回首……

前一时期,由于工作变动,搬离原来办公室,整理往时资料。几大橱柜文件中,顺眼见到有一大叠,正是文汇报从一封来信,引出有据有实、生动而鲜活报道的相关材料。犹如故人相见、执手而谈。连续多天,我闭门阅读。那会儿,正是中美贸易摩擦急剧升温,我国有些重量级企业陷于困境,风声、雨声、喧嚷声,声声入耳啊!厚积于心中的思绪,零碎、久远,但犹如一定量密封且挤压的粉尘,一旦释放,遇上氧气、热度与震动,自然而然会形成理化意义上的粉尘燃爆。我蓦然感到,时至今日,我们应该为爱因斯坦雕像的置放,有一种符合城市精神与城市气质的再一次思考。因为历史,也只有历史才能从真正意义上激励和启示未来!

四

我认为,爱因斯坦两度访问上海,这是上海极富价值、不容忽视的历史记忆。

其珍贵之处,在于唤醒和引领一个大都市记忆深处,特别值得重视的内容。原先和文汇报的同事研究报道计划时,聚焦点仅仅在于爱因斯坦对上海的访问,尽可能勾勒出一位科学巨人富有内涵的活动框架。随着采写深入和研讨展开,情况发生了极大的变化,一大批具有世界级影响,执所在领域之牛耳的人物,竟然与上海也有着如此密切的互动。"无线电之父"马可尼、法国物理学家郎之万、丹麦科学家玻尔、英国哲学家罗素、美国思想家杜威、印度诗人泰戈尔、戏剧家萧伯纳、电影大师卓别林……万里跋涉,分别到访上海。停留时间虽有长短,但他们以演讲、交流、考察、互动的形式,带来人类全新的科学知识、文化理念,振奋了这座东方大都市,特别是一大批年轻知识分子。文汇报这一次面向历史,近乎拓荒式的报道,在广大读者中形成一个阅读热潮,成为当年极富影响力的新闻事件。爱因斯坦是上海这一历史记忆的代表性人物,其引领作用具有不可替代性。

我始终认为,爱因斯坦访问上海的前前后后,具体鲜明而又生动地反映了上海的文化特性。

上海的那种热情,在其他地方确实是少见的。为了迎接到访,之前,在上海出版的三本杂志,一为《改造》,一为《少年中国》,一为《东方杂志》,特为刊出三个"相对论专号"。上海的《申报》《民国日报》《时事新报》等一批主要报纸,甚至于刊登大幅广告、撰写社论,欢迎爱因斯坦。事中,又图文并茂作了大规模的追踪报道。相较于北方《晨报》《大公报》,在此事上"豆腐干"新闻反映出的淡漠,这种热情是异乎寻常的。而上海知识界人士态度之热烈,更令人瞠目。我曾在一份刊物上,拜读过当时生活在上海的诗人徐志摩大作《安斯坦相对主义》,在专业人士看来这是不着边际的浅见,但其真诚到底的态度,却很让人会心而笑。"……无论如何他发动了这样一件大事业,应该引起全世界注意,不但是爱科学的人当然研究,就是只求常识的人,既然明白奈端的身份,就不可不知道安斯坦的价值。""总得利用这个时期,来领略这点儿泄露的天机。"在那满城争说"相对论"的上海潮流中,一些科学界人士,则振臂疾呼:"我愿仰慕爱因斯坦的国人,首先要培养科学的精神,奋然兴起,来研究自然科学。"说实在的,爱因斯坦与上海只是一个短暂的接触,但就是从这偶然的瞬间,我们也可以发现历史的奇妙关系。《少年中国》杂志出版"相对论专号",时为1922年2月,李大钊、毛泽东、张闻天、恽代英等当时还都是少年中国学会会员,其时,中国共产党也刚成立半年多。这一大都市在文化特性上的世界眼光、开阔胸怀和敏锐性,也由此可见。

我感到,对爱因斯坦的来访及其围绕"相对论"而表现出的凡此种种,于上海而言,这是应该特别令人重视的精神标识。

在上世纪的二十年代,狭义相对论与广义相对论已经开始传播,在上海已经有相当的热度,但真正对其有所理解,甚或有所了解者,人数有限。而这并不妨碍人们对其学习、探索的兴趣和热情。1923年1月1日下午三点,爱因斯坦于福州路17号工部局礼堂开讲座,内容就是介绍"相对论",数百人的大厅座无虚席。参与者的专注与凝重相融,欢呼与掌声并举。我很赞同这样的说法,"无论对国家,还是个人,创造性都是一种美好而宝贵的品格。……这不是表示崇拜,只是表达对创造性的敬意和尊重"。当然,这种敬意和尊重到了相当高度,也就难免有过度美化的以讹传讹,以致流传了一些属于美好想象范畴的故事。不过,上海对爱因斯坦学说的重视,确实出乎人们的想象。从现有的记载看,爱因斯坦与中国的材料,基本都和上海有关。早期出版的关于"相对论"的书籍,商务印书馆出版了文元模编译的《从牛顿到爱因斯坦》、夏浮筠《相对论浅释》、周昌寿《相对律之由来及其概念》等等。世界书局出版王刚森上下两册的《相对论ABC》,正中书局、神州国光等出版机构纷纷出版过介绍爱因斯坦理论的书籍……回望与静思,不难感到,上海骨子里的真正魅力,并非仅仅因为是"洋气"。近代以来,现代性和现代化,上海都得风气之先。外来文化在上海先行消化以后而传播开去。凝视上海历史上那些一闪而过的瞬间,无疑是挖掘出上海城市气质中被忽略了太久的一面——尊重科学、崇尚创新。我是很认同这种意见的,在很长一段时期,在一些方面,上海是有不少被误读的地方! 即使是流行度颇高的周璇老歌、张爱玲小说、旗袍、百乐门舞步……也只能算作老上海发达的"商业文化""大众文化"的符号。而真正撑出上海魅力的,那深刻的精神标识,就其本质而言,是对现代科学、文化,充满热情的孜孜不倦追求!

我深深感到,当年爱因斯坦及一大批国际科学文化名人访问上海,在更深层面,不仅仅是一种历史记忆,也不只是同现实有某种联系或契合,恐怕还是在于对未来的昭示及前行的路径指引。

有世界科学史专家慎重其事地提出,"爱因斯坦在沪活动的本身,对中国人,特别是中国科学的意义,需要在五四文化运动(1917—1921)和相对论在中国的传播这样的背景下讨论,才能看得清楚"。这样的认识,确实是建立在历史分析的基础之上。由于这场二十年代的"相对论热",才激发了一批中国青年学习理论物理学的热情,为往后涌现出中外有影响的年轻优秀物理学家奠定了基础。相对论在二三十年代的中国被迅速地接受和吸收,其影响深入和广泛,引发了当年一场"科学与人生观"的大论战。参加这场论战的许多著名学者,都在自己的文章中以爱因斯坦和相对论为佐证。科学,或许这就是科学的魅力、科学的力量。对爱因斯坦赞赏不已的英国数学家、哲学家伯特兰·罗素,也是在1923年到访上海时说:归根到底,是科学使得我们这个时代不同于以往的任何时代!时隔九十多年,此话不但适用,乃至有极大的警醒!上海尤然。作为国家最大的经济中心城市,上海必然承担为国家的现代化发展作出独特贡献的责任和使命。把上海建设成具有全球影响力的科技创新中心,这是何等的紧迫。尊重科学,崇尚创新,又是何等的重要。

爱因斯坦两度访问上海以及近现代大批世界科学文化名人访问上海,毫无疑问,这是上海不可忽视的文化底蕴,弥足珍贵的社会氛围。科学技术真正成为社会发展的原动力之一,取决于科学家的成就,同样取决于公众的理解和支持,这是一切创新的基础!那些讲座与传播,激发多少中国青年学子,发愤于现代科学知识的学习与探究。拉近科学与公众的距离,必将裂变出难以估计的能量。

五

有一段记载曾经深深地打动过我,令人难以忘怀。当爱因斯坦到访上海,出现在公众场合时,被一大批态度热烈的人们簇拥着,冲入最里圈的,毫无疑问,是中外新闻界人士。有不少新闻记者向他提出各类有关相对论的问题,爱因斯坦的回答一如往常的率性随和,并向身边的 The China Press 记者要去纸和笔,写下相对论的数学因子,认认真真签上自己的名字,极具幽默和神秘地告诉记者说,这个数学因子是"向着相对论的通关密语"。呵呵,这应该是不得了的独家收获,爱因斯坦留在上海的唯一墨宝。第二天,此一书写刊载于 The China Press 上。这份报纸是孙中山先生在上海创办的第一份,也是当时唯一一份中国人办的英文报。我反复思忖,那年、那月,书写者也十分清楚,能看懂并真实理解这一数学因子的人,少之又少,但仍主动书写,并同意将此展示和传播,唯一的出发点当然是十分明白的:最为重要的是,科学和公众的距离。这是能量裂变的前提,将决定人类和社会的进步。知乎、知乎?那"通关密语"!那笑而不答的昭示!

随想科学与上海,又一次念及,爱翁安在!我决意再次寻找爱因斯坦雕像。重新制定搜索计划,认为还是先从源头上顺势而下询问各个环节为好。市政府新闻办在当年是制定和策划雕像的创作和安放工作的,我和当时的建军副主任把具体联络任务交给事业处落实,处长小汤虽然已经调离,到其他地方负责工作,但毕竟是经历者,或许就是一把开锁的钥匙。电话接通,传来轻松兼有几分高兴的声音:"对了、对了!是在浦东张江高科技园区……"哦,在各方努力之下,爱因斯坦雕像历经八年,终于走出雕塑公园一隅及其仓库,张江高科集团公司以高度的热情和认真的态度,迎接爱因斯坦雕像,置放于张江高科技园区诺贝尔湖公园。

平心而论,下决心投入力量,迎放爱因斯坦雕像,作出这样的决策,张江高科集团的领导是有相当科学及战略眼光的。所处区位和环境安排,也属上乘。今年8月2日上午十点,我专门赶赴浦东张江园区,大伏天的烈日下,张江高科集团党委领导和办公室人员陪同我,瞻仰爱因斯坦青铜雕像。正逢集团大厦旁边的诺贝尔湖公园整体改建,好在公园面积不大,春节前工程就可完毕,现在四周用隔离物采取了一些防护措施。中间地带,赭红色大理石贴面的基坛上,十分具有爱因斯坦性格特征的头部青铜雕塑,与之连为一体。因为高大而颇有气势,也因为恢宏而把刻画逼真的人物脸部神态,予以放大后强化呈现。何等熟悉呵……这次负责接待的张江高科集团党委俞副书记很热情,也很容易沟通。她告诉我,这里改建好后,既有人工湖,又有喷泉,那片草坪也是比较大的,爱因斯坦这位科学伟人的雕像安放在这里,对科创热情是一种激励。我把爱因斯坦两度访问上海,及制作雕像的前前后后作了简要介绍,特别讲到,那雕像,意在把上海这段珍贵的历史,用艺术形式固化下来,决不让其成为历史云烟。把雕像安顿在上海人流量大的标志性空间,目的在于更加自然,更加有效地拉近"科学与公众"的距离!我的叙述是平静的,虽然此刻思绪万千,但八年多的时光,八年多的思考,也让我更加明白地体会了那句话,"诚觉世事尽可原谅"。社会的认识及行为必定体现出阶段性,一切认识也必将随着客观现实进行变化和提升。张江高科就是为认识的提升构筑了一个扎实的台阶!

而让我心中一震的是,俞副书记告诉我,她来张江之前,原在陆家嘴集团公司工作,那时就对爱因斯坦与上海的关系,及其雕像问题有所了解,因为她儿子中考时,试卷上就有一道考题,如果上海有四个地方,其中包括陆家嘴和外滩,可供安放爱因斯坦雕像,请考生选择一个。她那位应该还是稚嫩的儿子没选择他妈妈工作的地方,而是选择了外滩。据说,很多同学都作了这样的回答。是的,这是中学生的选择!第二天,我收到了关于这道考题的微信。

上海中学生与爱因斯坦的距离如此之近,大大出乎我的意料。还有什么能比青年学子的想法更能令人振奋!

辑二

戴扬本

那种与物质享受不相干的清贵之气

去年三月末的一天,令愉来家里小坐。我们坐在沙发上,正握着茶杯聊天时,他忽然说起自己近年来体检反映的血液指标似乎有一些疑问,已经开始在医院做检查,可能还要去北京咨询几位专家。令愉说话时的语气十分平静,然神色有些凝重。我听了感到非常震惊,但想到他的生活方式非常有节制,又有家族的长寿基因,尤其令我羡慕的是他行走时的轻快步履,不应该会有什么健康方面问题的,对他说起自己身体的疑问并没有想得太严重。时值正午,我们还是像往常一样,从师大一村走到校园里的河西食堂去用餐,沿路柳枝拂面,丽娃河水波光粼粼,阳光照在脸上,感觉已微微有点灼人。

校园里的这条路,几十年来,朝朝暮暮,我们不知走过多少回了,何曾会想到,这竟是我俩最后的一次比肩徜徉。入夏后,得知他终为造化小儿所苦,缠绵病榻,几次探望,似有了渐渐恢复的迹象,我遂在微信中向关心他的老同学们报告病况,大家还在满怀希望地为他祈福,万万没想到,入冬后病情突然急转直下,竟至于不起。

我们的相识,始于整整四十年前。正是春意盎然的时节,得益于时代变革赐予的机缘，一群年龄参差不齐的年轻人，冠以七七级之名，从天南地北汇集到丽娃河畔聚贤堂的教室里。因为上大课时经常坐在一起，又同属一个小班，我和令愉渐渐熟悉起来。文科的学习，同学间的讨论，与课堂听讲一样，都是获取新知的重要来源，我很快便感觉到，与令愉交谈，常能使我获取不少真知。初入史林者容易为五光十色的历史事件所惑，往往好奇之心多于理性的思索，以为史学就是对史事的熟知，所学之事便是努力追求历史知识的积累。其实这只是史学修养的一个方面，在浩繁的史事中寻绎社会发展的脉络，对历史思辨能力的培养，更是一种不容忽视的训练。我印象较深的一次是，他和我谈起了汤因比在《历史研究》中引用阿克顿的一句话，大意是说通过波旁王朝和斯图亚特王朝史事的比较，过程和结果都不一样，却不难发现二者背后都遵循着某些相似的法则，而史家的工作，便是去关注、探究和解释这些隐匿在现象背后的东西。这些话，对今天历史系的学生来说，或许并不新鲜，但那时候汤因比的《历史研究》属于特定范围发行的内部书籍，以我之陋寡，连作者的名字都未曾知晓，遑论其著，因此，听了令愉讲的这段话，给我的感觉可想而知了。四十年前，经历了长期的禁锢后，我们几乎是饥不择食地在图书馆里翻找一切相关的书籍来读，其情景今天是难以想象的。当时图书馆的藏书本来也非常有限，就我而言，还有一个显而易见的先天不足，那便是知识体系的杂乱。而令愉的阅读面显然较我要开阔而有序，不但思维缜密，记忆力也非常惊人，他感兴趣的一些文献史料的原文，多能逐句复述，故谈吐时条理明晰，且不乏个人的见解，不知不觉间我们的交往渐渐多了起来。四十年来，我始终以"令愉兄"尊称他，不仅因为他年长于我，更非客气之言，而是发自内心的一种以兄事之的敬重之情。

　　几乎每一位与令愉有交往的同学，都会对他待人接物时表现出来的谦谦君子之风留有深刻的印象。令愉身材颀长，衣饰整饬，与人相见时会习惯性地微微躬身以示敬意，谛听别人发言时神情凝注，与人交谈时言语虽不多，然措辞文雅谦逊，有会于心时便抿嘴轻轻一笑。他在待人接物时的谦恭，是一种发自内心的对人尊敬的自然显露，这使得他的言行举止间，很自然地带有一种清雅之气。后来我们渐渐得知令愉的尊人是系里著名的法国史教授王养冲先生，被学界尊为国内法国史研究和西方思想史研究的奠基人，故令愉读大学前就自学法语，我们一起读书时，他已经能直接阅读英、法两种语言的文献了。六七十年代，老先生未得上课教书，而是受命翻译了一些法文著述，令愉因此能读到一些社会上不易见到的书籍，家学渊源在他身上留下了显著的痕迹。后来我读到古人"颀然其长，薰然其和"一类句子的描写，自然而然地联想到了令愉的颀然长身，他那略带几分夫子气的优雅举止，想到他在家庭文化背景的熏染下形成的彬彬君子的魅力。

　　毕业后，我们先后留在学校工作，分别住在一村和二村，时常会在校园里不期而遇，相见时便会说上几句话，各自在附小上学的孩子正好在一个班级，又增加了我们之间的交流，相交愈益频繁而渐成相知，互相了解的程度也更深了。数十年来与令愉的交往，他待人行事时的热忱恳切，时时事事替别人考虑的细心周密，即便是一些生活中的细节，无不显示了他对个人道德修养的注重。早些年彼此间的交流以电话为主，偶尔会有打电话给他而没人应接，然过不多久必能接到他的来电，因令愉回家有查看记录的习惯，且必定会在第一时间作复。令愉曾多年参加高考试卷命题工作,按照保密条例,在考题公开前他须有一段封闭的生活,惟恐在这段时间里我们之间联系不便,他每每在出发前,都会将日程的安排用电话通知我。令愉还有一个习惯,每次通话结束后,没有听到对方挂机声之前,他决不会主动挂断电话。虽然只是些微小的细节,却足见他待人之诚敬。还记得我曾有两次约定了傍晚上他家去,那段时间我因眼疾而视力较弱,令愉恐我有不便,早早在约定时间之前便站在二村的大门外等我了,手上握着一份晚报,且见面先对我解释说正好下来取报纸,顺便出来看看而已,显然是在减释我内心的不安。我们使用微信后,联络大为便利,每有求助,或遇疑难,无不及时回复,甚至还会就我之所问,贴上搜索所得资料发给我。我的手机上至今还留着这些记录,翻看时依旧能感觉到他的热心。

  令愉在历史系世界史教研室任教,方向是法国近代史和近代思想史的研究和教学。如果以儒者一词来比喻以治学和教书为业的学者,我以为令愉完全可以称为"粹然儒者",因为像他那样奉"为己之学"为治学的目的,现实中已不多见了。为己之学抑或为人之学,主要区别在于前者追求的是自己的学术理想,而后者则为迎合时尚,追逐功利。大学虽有象牙塔之喻,居于其中,还是能感觉到现实中诸多利益的诱惑,如对教师而言,以论文和著作为学术研究成果的考核指标,本无可非议,然成果的数量与现实的利益之间呈正相关联系,若出于利益的考虑,必以数量的增加为追求目的,研究的内涵便难免受到影响,甚至还可能蜕变为学术发展的对立之物。令愉的粹然儒者之风在于他看到了这点后,还能具有坚实的定力,在利益面前能保持一种平静的态度。

  早些年他送给我一首诗,"平生不谋鸿鹄志,简单自由最美好。从来罔顾高大上,淡泊岂忌门户小",虽然是带有诙谐之语的戏撰之作,但甘于淡泊生活,崇尚单纯而自由的精神生活的追求,跃然纸上。不谋鸿鹄志,绝非没有进取之心,而是指不屑追随世俗,做一些大家都知道的"热闹"而缺少实际内容的事情。

令愉未必不知以我们常说的"短平快"方式能获取学术成果的利益,然能做到以其"不义"而不取。这种有所不为的价值理念,在他协助王养老于耄耋之年撰著《法国大革命史》时,表现尤为突出。作为助手和合作者,文献资料的搜集核对,或文字撰写,令愉都付出了巨量劳动。然撰作的时间周期长,署名又是第二作者,依照通行的计算成果方式,对评定他的学术成果显然是不利的,事实上对令愉来说,他的职称升等确实是属于姗姗来迟的。《法国大革命史》出版后,获得了多种令人瞩目的荣誉,被认为是学界盛事,令愉觉得十分欣慰和满足,则在于他认为他付出的劳动,符合他"文章千古事,得失寸心知"的行事准则。正如他在获奖致辞中所说的,撰著论文的价值在于学术,不是换取名利的筹码,对社会的奉献,才是自己劳动的意义。亦如他所言,作为一名教师,深知体现自己的价值,是要为社会创造价值,超越将治学与利益直接对接的世俗之见。平静的表面之下,我们可以感受到令愉内心世界的广袤和强大。令愉退休后,曾有海外学术机构提供资金,邀请他去巴黎做短期访问研究,可见他的学术成就,不仅为同道所称,也得到了海外同行的认可。

粹然儒者的学风,还表现为学风上的严肃认真,以及在学术上对完美的追求。令愉为人谦恭,性格温和,然对于不同的学术观念,必会当面表述自己的见解,不行苟且之事,尤其在评定学术成果或学生论文答辩相关的投票方面,他以决不徇私情来违背自己学术良知而为人熟知。作为教师,为了上课的准备工作,令愉会投入大量的时间和精力，即便是讲课中的一些措辞，觉得不够满意的话，也会反复琢磨，甚至还会打电话与人斟酌探讨。因此，他讲课的内容不但严谨丰富，且语言生动，学生评价很高，就连他为哲学系学生开设的通史课，因为持续得到学生的赞誉而成为广受欢迎的课程。我不止一次听说过，在听学生的讲课实习时，除了对课程内容的评价，学生有发音不标准，板书字体不规范的情况，令愉都会在课后悉加指出。经他审阅的研究生论文，往往布满了仔细修改的痕迹，字里行间，或就观点的提出，或为资料的引证，连语言表达的逻辑关系，都会逐一写出自己的意见，就我所见，这是极少的。在初夏的答辩季节，我不止一次遇到他拖着一个装着学生论文和参考书籍的拉杆箱在校园里慢慢行走，又有谁知道他为了审读这些论文耗费的精力？

我以为令愉之所以甘愿为之付出，是因为他像他十分欣赏的德国诗人席勒所说的那样，是在践行一名教师所应具备的道德和教养，"对于一位有责任心的教师来说，真正的价值并不在人生的舞台上，而在我们满意的教室中"。他对教师责任的理解，不仅是作为一名知识的传播者，而是具备了将教师之职视为至上的责任心。正是为了实现自己"满意的教室"的理想，令愉甘守淡泊，以拙于机巧之心，来追求他崇奉的事业。令愉生前曾和我谈起有一所大学希望聘他为客座教授，经过仔细考虑，他只承诺每年可以安排一个月的上课计划，却谢绝了客座教授的聘请，理由是自己手边还有许多要做的工作，剩余的精力，不足以做一个称职的客座教授。如果不了解令愉的为人，尤其是不理解他看重教师一职所需要的"道德和教养"，并将事业的价值高置于那些与物质利益相关的名位之上的话，恐怕难以理解他的这个决定的。

令愉虽在物质生活上淡然处世,对于世间美好事物则充满热爱。"万物静观皆自得,四时佳兴与人同",是他喜欢吟哦的诗句,也可视作他内中心境的一种写照。

他住在二村,毗邻长风公园,读书写作之余,在园内漫步是他的主要休息方式。令愉在散步的同时,会留意观赏各种树木花卉的特征及生长过程,从中感受自然的魅力,我曾接到过他的电话,兴致勃勃地通知我某种花期即将到来,建议我前去观赏。他对欣赏传统的字画也有着十分浓厚的兴趣,常会不辞辛劳地坐车到市里参观一些展览,还曾拉我一起到二玄社的门市部去看展示的高仿画品。我在他客厅墙上见过一幅兰花条屏,为清代"扬州八怪"之一的作者手笔,还有一副展堂先生书写的对联,一幅购自河南安阳旅行途中的行书立轴,非名家之作,因为喜欢便买下了,除了这几种真迹外,其余全都是仿制品。令愉经常在客人面前声明自己属于收集而非收藏,因为他收集的大部分属于画册或画页的普通仿制品,如黄宾虹、齐白石的山水花鸟,如黄庭坚、米芾、文徵明等的大幅法书,分门别类,收藏在柜子里。

十多年前,曾流行过一种将名家字画作品复制在宣纸上的挂历,令愉从中挑选了一些自己喜欢且印刷效果好的作品,加以装裱。挂在客厅的字画是经常更换的,显然欣赏这些作品,已经属于他休息的一种方式。当令愉在展玩和欣赏这些作品时,神情常常会变得有些兴奋,或若有所思,或喃喃自语,令人感觉到他对其中妙不可言的感动的一种体验。令愉虽然并非收藏珍异之家,却无疑是一个真正爱美而且懂得欣赏的行家,是这些作者的知音,发现并陶醉于会心之处,有如古人所云"翳然林水,便自有濠、濮间想也"的境界,是那些附庸风雅,或者仅以藏品的商业价值作为关注点的藏家无可比拟的。

令愉走了。因为住处相近,我还时常会走过令愉生前在二村的住所。临近金沙江路的那排小楼,晚上依旧还会透出温馨的灯光,想到他如果还在世的话,总有一盏灯是属于他的,我会忍不住朝小楼多看上几眼。我一次又一次地回忆起造访他居室的情景,清茶在手,细与论文,他会将购得的好书或字画作品取出来,逐一为我介绍,脸上带着快乐而满足的笑容。走过枣阳路口,恍然又看到他伫候在二村门口的颀长身影。这一切曾是那么亲切,那么熟悉,如今却成为永远翻不回去的一页历史,只能是我记忆中的回想了。

令愉逝没,我失去了一位可以时时请益的兄长,一位可以倾心交谈的朋友,我觉得身边忽然现出一片空白,怅然久之。令愉将毕生的精力都倾注在法国史的研究上,外人所不多关注的则是他对传统的中国文化的爱好和修养,并孜孜从中汲取养分。他看重道德的作用,看重人格的尊严和人性的良知,身上有一种时下不太多见的与物质享受不相干的清贵之气。他曾将"布衣暖,菜根香,诗书滋味长"作为自己微信号的题头,这既是他对生活意义的理解,也可以说是他奉行的生活准则。

令愉辞世之年尚未届七十,就他的学养和精力来说,正是为社会奉献自己学识的黄金时候,却只是留下了满箧文稿而匆匆离去,是最让人痛心的。扼腕叹息的同时,想到他一生的为人,不禁联想起司马迁慨叹伯夷命运时所言,"天之报施善人,其何如哉!"

写于王令愉先生逝世周年之日

季 进

挥手自兹去,萧萧班马鸣
——宇文所安荣休庆典侧记

四月的波士顿,比起往年来,格外的寒冷,四月中旬竟然还在雨雪霏霏,对春天的期待被压抑到最低最低。此次哈佛之行的重头戏,是参加四月底宇文所安(Stephen Owen)荣休的庆典。我的专业虽然不是中国古典文学,但作为所安的老朋友,还是很荣幸地获得了邀请。正好有其他工作安排,于是四月初就从春暖花开的江南,早早飞到了波士顿,没想到却遇上了多年不见的"倒春寒",莫名地想到艾略特的著名诗句"四月是残忍的季节"。所幸,到了四月底,波士顿的春天终于姗姗来迟,转眼间就春暖花开,满街都是一树一树的如云霞般灿烂的梨花、玉兰,树上的枝条也焕发出曼妙的绿意,与隆重温暖的荣休庆典相得益彰。也许,大自然的时令交替,有时也深谙"欲扬先抑"之道?

2018年4月26日上午,"重审世界中的中国文学——致敬宇文所安国际学术讨论会"在哈佛燕京学社一楼的报告厅隆重开幕。王德威主持了简短的开幕仪式后,立即进入正式的学术报告。来自世界各地的宇文所安的弟子们提交了三十多篇论文,分成九场,整整报告了一天半多的时间。报告的内容也是五花八门，异常丰富，从文学到历史，从诗词到小说，从文本到文论，从前现代到现代，从中国到世界……不少人报告的切入点甚至演讲风格都颇有乃师风格，相当精彩。这些弟子中，有不少人已是很有成就甚至坐镇一方的重要学者，大家因为老师的缘故，得以相聚一堂，品评学术，交锋思想，而当年的老师，还有老师的朋友们（很多都是名震欧美中国文学研究界的大佬）坐在下面聆听、评点、辩难，实为难得一遇的学术盛会。学生们还深情回忆起老师当年的种种趣闻轶事，不时引发哄堂大笑。有的学生讲起老师的培育之恩，几欲落泪，令人动容。所安与学生们的师生之情，如此纯真，如此深厚，又如此平等，如此快乐，让大会变得特别的温馨感人。那天还有两个温暖的细节：开幕式比预定时间拖了好几分钟，核心人物宇文所安竟然迟到，而迟到的原因竟然是因为送儿子上学堵了车；开幕式之后是合影留念，刚拍完照，所安来不及多与大家寒暄，就匆匆离开，不一会工夫，抽着烟斗回来了，手里多出了一个三明治。我好奇地问他怎么回事，原来是给儿子准备的晚饭！一个温情的父亲与一位大牌学者的形象，如此奇妙地融于一身，毫无违和之感。

根据组织者的设计，这次活动，所有的学生必须提交论文并报告，而所安的朋友们则无须提交论文，只是参加圆桌讨论。因此，第二天下午的最后两场圆桌讨论，比起前面的学术报告来，就显得更为自由、放松和温情。第一场由王德威主持，与谈人是来自亚洲的八位学者，包括了陈引驰、程章灿、郑毓瑜、张宏生、川合康三、蒋寅、王尧和我；第二场由李惠仪主持，与谈人则是美国八位学者，包括了康达维（David R. Knechtges）、孙康宜、艾朗诺（Ronald Egan）、伊维德(Wilt Idema)、柯马丁(Martin Kern)、魏爱莲(Ellen Widmer)、柯睿(Paul W. Kroll)和田晓菲。大概是第二场与谈人的名头太响,吸引了太多的旁听者,非但会场座无虚席,据说还搬光了隔壁的椅子。既然是圆桌讨论,话题也就不知不觉中散漫开去。大家你一言我一语地畅谈未来中国文学研究的可能方向,也自然而然地从自己的专业方向表达了对所安退休后研究工作的期待,当然,大家也聊起了"我所认识的宇文所安"。田晓菲特别谈到了研究者身份认同的问题,指出中国文学并不属于任何政治疆域,也不应由中国人独享,而应该推动中国古典文化/语言参与到世界文学的讨论之中。张宏生谈到明清时期的日常生活研究,其中烟草研究很有趣,还有专门歌咏抽烟活动的文本,他特别推荐给宇文所安。于是伊维德便开玩笑说,宇文所安很像灶神(God of Stove)——Stove和Steve发音相近,而且二者都smoke,要知道,所安的烟斗从不离手,不时就抽上几口,这是他的标准形象。而对于"God",王德威在最后总结时也打趣说,大家对宇文所安未来的退休生活充满期待,你会更忙,你就是宇宙,你无所不在,你就是上帝(You are cosmic, you are everywhere, you are the God),引发哄堂大笑。我油然想起那首歌,"你是电,你是光,你是唯一的神话,you are my superstar(你是我的超级巨星)"!难道王德威也熟悉这首歌?大概不会。

圆桌讨论后,宇文所安压轴致辞,其风格就如平时讲话,不紧不慢,开开让人会心一笑的小玩笑,依然是强调个人感受与经验,表达了对中国文学研究的期许。他感谢王德威、田晓菲和李惠仪以及卢本德(Lucas R. Bender)、吕立亭(两位都是所安当年的学生,现在已是耶鲁大学教授,吕立亭还是东亚系主任)的精心组织,也感谢学生们和朋友们远道而来,他安慰大家,这么辛苦的事仅此一回,"别担心,不会再发生了。"他说作为听众,听了所有的论文,感到特别高兴和欣慰,居然有这么多才华横溢的人聚集在这里交流学术,也听了大家讲的很多关于自己的逸闻趣事。他感慨,一切都变化得太快了,记得小的时候,很难找到一家中国餐馆,如果高质量的中国菜,代表了文化传播的进步,那么谁能说这中间没有进步?(听到这里,我突然想到了"老胡餐馆",我们聊天时他开玩笑说退休后最好开一家中餐馆,就叫"老胡餐馆"——因为宇文是胡人的复姓。看来,他对中餐真是情有独钟啊。)世界正在改变,这是思想的、知识的结果。幸运的是我们的汉学前辈作出了卓越的成就,而我这一辈的学者(不少都在场),身处中国文学的边缘,又见证了中国文学与中国文化的变迁。某种意义上,我们也是中国文化剧变的产物。中国学术和欧美学术是不同版本的语文学(philology),尽管我不觉得语文学这个词指代了同一个意思,但至少彼此构成了互补与交流。从中餐到学术,从欧美到中国,所安一如既往地高屋建瓴,又举重若轻。在这个巨变的全球化的时代,中国文学与中国文化的命运依然是他最大的关切。

　　研讨会之后,在哈佛教授俱乐部举行盛大的招待会和晚宴,还是由王德威担任金牌主持。招待会上,大家三三两两自由交流,现场投影上循环播放着所安和家人、学生、朋友在一起的各种照片。有趣的是,里面的所安像个百变人,有时胖,有时瘦,以前不留胡子,现在却一直满脸络腮胡。欧立德(Mark C. Elliott)、裴宜理(Elizabeth J. Perry)等哈佛人文学界的大佬纷纷亮相,达姆罗什(David Damrosch)还特别致辞,说起他在耶鲁大学做本科生时,所安就是他最崇拜的老师,当年他最大的愿望就是"将来像宇文所安一样",甚至故意穿了一件模仿所安的外套,装老师的样子。达姆罗什现在在国际比较文学界的影响力如日中天,没想到当年也曾是"追星少年",其间的反差,实在好玩。不管怎样,能够有如此巨大的号召力,让各路大佬会聚一堂的,大概也只有宇文所安了。晚宴的座次安排特别有意思,来宾大概一百来人,安排了两张主桌,所安夫妇和他的那些老友们坐在一号桌,名为"李白"桌,而王德威、孙康宜则和我们远道而来的几位坐在二号桌,名为"杜甫"桌,其余各桌分别是"白居易""韩愈""司马迁""张岱""李贺""陶潜""柳如是"等,极具创意。所有座位全部提前安排,大家有序入席,也真是难为组织者了。这样的宴会,吃什么其实是不重要的,重要的是致辞发言,包弼德(Peter K. Bol)、柯睿、柯马丁、奚如谷(Stephen H. West),还有很多朋友、学生纷纷致辞,有学生还献歌一首。著名的诗歌研究大师、八十五岁的 Helen Vendler 也来了,老太太准备了专门的讲稿,无法兼顾话筒,王德威就全程帮她拿着话筒。孙康宜为祝贺所安荣休,特别赋诗一首:"吐雾吞烟吟剑桥,唐音北美逞风骚。痒搔韩杜麻姑爪,喜配凤鸾弄玉箫。舌灿李桃四十载,笔耕英汉万千条。感君助我修诗史,恭贺荣休得嬉遨。"第一句的出典,当然是所安嗜烟,校方特别为他装了排烟机,特许他在办公室抽烟。据说,这是他留在哈佛的诱惑之一。奚如谷说,我就几位真正真正的好朋友,讲了三遍,然后突然来一句:Steve,你是其中之一!宴会的最后,所安非常中国式地一桌一桌地敬酒致谢,言笑晏晏,飘然微醺,那一刻,所安一定是非常非常开心的。宴会的尾声,全场高唱"For He's a Jolly Good Fellow"(《他是个快乐的好小伙》),这是欧美极为流行的一首歌,流行程度仅次于《生日歌》,往往用于喜庆、生日等场合。当欢快的旋律在那个场合突然响起,却具有一种直击人心的力量,相信在场的每个人都被歌声所感动,都被温暖所包裹。曲终奏雅,宾主尽欢。

  我想,能够享受如此盛大的荣休典礼的人,应该不会太多。宇文所安作为海外中国文学研究领域首屈一指的大家,是当之无愧的领军人物,更是不世出的天才,"才为世出,世亦须才"(袁宏《三国名臣序赞》)。我们可以看看所安早年出道的轨迹:二十六岁就获得耶鲁大学博士学位,二十九岁时出版第一本学术著作,也是他的博士论文《韩愈和孟郊的诗》(*The Poetry of Meng Chiao and Han Yü*, 1975)。三十一岁时出版《初唐诗》(*The Poetry of Early Tang*,十年之后,也就是1987年,这本书才进入中国,那是宇文所安正式进入中国读者的视野),三十四岁时出版《盛唐诗》(*The Great Age of Chinese Poetry*: *The High T'ang*, 1980),三十八岁从耶鲁大学被礼聘到哈佛大学。也就是说,三十多岁时,宇文所安已经凭其过人的才华和突出的成就,成为令人瞩目的学术新星。到了他四十五岁时荣任美国人文与科学院院士,五十一岁时获颁哈佛大学最高级别的James Bryant Conant大学讲座教授,以及前不久又刚刚荣获极具盛名的2018年度唐奖汉学奖,这些都是对他成就的不断肯定,昭示了他在海外中国文学研究界无可撼动的地位。我虽然不是做古典文学研究的,但特别喜欢所安的著作,读遍了他全部的著作,还在课堂上跟学生一起细读过他多部著作。他的著作从来不是那种高头讲章式的枯燥论述,而总是充满智慧灵感与生命体验的叙述,他独到的视角和别致的品读,焕发出中国古典诗文的无穷魅力。这也就不难理解,为什么在学术圈之外,所安也拥有了那么广大的粉丝群。他的影响力,早就超出了学术界或古典文学领域,而遍及了整个中国知识界和文化界。所安的专业是中国古典文学,研究领域几乎遍及各个方面,从诗经、楚辞到唐诗宋词,从文学文本到中国文论、比较诗学,从上古到近代,甚至旁涉当代,包举宇内,囊括四海,这种对中国文学百科全书式的研究格局,不敢说前无古人,怕也是后无来者了吧?所安以他三四十年的努力,为中国文学研究作出了巨大的贡献,也对大陆学界产生了深刻影响,宇宙文章,察其所安,卓然而成一代宗师。哈佛以如此隆重的礼遇来庆祝宇文所安的荣休,实在是其来有自,恰如其分的。

在庆典之前,我们有机会几次在 Legal Seafood、川菜馆、办公室,欢聚聊天。早在几年前,所安就透露,打算到七十岁就主动退休。美国的教授是没有明确的退休时限的,只要愿意,可以一直干下去,以所安这么高的地位,这么大的影响力,我想校方也不愿意他过早退休吧?我曾问他为什么想退休?他笑而不答,只说想体会自由自在的生活。所以圆桌讨论会上,我也祝他从此以后,能"为所欲为",尽情享受自由时光。其实我知道,他所说的享受自由,只是一种学术的自由,做自己想做的研究,写自己想写的书,因为他有太多的计划、太多的想法要付诸实施。所安的办公室有一块瓦当,难辨真假,那天他由此说起,所有的东西都有双重生活/身份(all my things have double lives),包括真的和假的身份。这个瓦当也是他的教学工具,他要学生们亲手摸一摸瓦当,以一块瓦当去想象一个屋顶,一块瓦当已经这么沉了,几千块瓦当堆垒成一个屋顶,可以想见屋顶的重量。这不仅让学生体会到了中国文学研究中物质性因素的重要性,而且好像还有隐喻性的意义,一是折射了古典文学研究的方法，以小见大，以一首唐诗去想象唐朝的历史文化；一是古典文学是中国人头上的屋顶，有着撑起文化骨架的厚重。前者正是所安所擅长的研究方法，总是从一个片断、一个文本出发，去揣摩、想象、重构它们得以生存的历史时空，甚至物质形态，从而不断地重写文学史；后者正是所安内心深处强烈的使命感，现在中国文学研究依然大有可为，可是越来越难找到接受过人文训练的人来做文学研究，而我们需要更多的优秀学者能投身其中，激发中国文学的活力，把厚重的中国文学引向世界，使其成为真正的世界文学。而中国文学与世界文学沟通的最重要的媒介就是翻译，这也是为什么他花了大量时间翻译中国古典诗文的原因。他除了编译《诺顿中国文学选集》(An Anthology of Chinese Literature: Beginnings to 1911, 1996)外，还编译了《中国文论》(Readings in Chinese Literary Thought, 1992)，全译了六卷本的《杜甫诗》，主持了"中华经典文库"（暂名）的创立，刚刚又送我一本新译的《阮籍诗》，这一"中华经典文库"系列接下来还有寒山、李清照、李贺诗的翻译。我问他，接下来还有翻译计划吗？他说翻译并不是他的 high ambition（远大抱负），并没有明确的规划。大家对他退休后的研究和翻译充满期待，他的回应则是 we'll see（"咱再看看"）！

"挥手自兹去，萧萧班马鸣"，在我们齐聚一堂，向所安致敬，为所安高兴的同时，当然也体会到了一种强烈的失落感。随着所安的荣休，他们这个学术世代真的要结束了，所安退了，康达维退了，何谷理（Robert Hegel）退了，柯睿明年也要退了，美国中国文学研究的这一代真的逐渐退场了，只有孙康宜、艾朗诺、梅维恒（Victor H. Mair）等人还在坚持。我想，这是一个历史性的时刻，也是一个令人忧伤的时刻,以后海外中国文学研究界还能产生像宇文所安这样丰富深邃的学术大师吗?宇文所安很谦虚,他说我们无法预知未来,预设未来是危险的,虽然大家都在说,他的退休是一个时代的结束,但他自己却认为这并不代表不会有更好的未来。他对于"更好的未来",既不悲观也不乐观,因为未来的事物总会不断地给我们以惊讶(surprise)。我们期待,也相信荣休之后的所安会不断地给我们以更大的惊讶。

蒋　寅

一部唐诗史早就在肚子里
——纪念赵昌平先生

5月21日中午，答辩结束打开微信，赫然都是赵昌平先生猝逝的噩耗。

昌平兄走了？怎么可能？很想冷静一下，"可是泪水，就连泪水，也都不相信"！在回家的公车上，意识中只有哀伤和回忆。与昌平兄交往的一幕一幕在眼前浮动，隔开了炎热、嘈杂的世界。

中年伤于哀乐，诚知人所不免。几年来，哭刘扬忠先生，哭李伊白，送胡小伟，送杨镰，都不止作数日恶。昌平兄的逝去，更让我痛感一代学人的凋落。

按学术的代际说，赵昌平先生要高我一辈。对他这一辈的学者，我都是称老师的，像陶文鹏先生、刘扬忠先生、葛晓音先生。独有昌平先生，向来以兄称之。这与尊重程度无关，只是出于一种亲近感。

现已记不清与昌平兄相交始于何时，只记得读硕士时就给他写信，对他建构式的诗史研究表示钦佩，并请教大历诗研究的问题。那时我正研究戴叔伦诗，从此通信络绎。他是喜欢写长信的学者，经常几页信笺写得满满，细述自己的想法。

初次见面可能是1988年的唐代文学会,但已没什么印象。比较清晰的记忆始于1992年厦门唐代文学会。他招呼贾晋华、陈尚君、张宏生和我去他房间聊天,留下几张合影,最近整理照片恰好找出。在那次会议上,他介绍我和浸会学院中文系主任陈国球教授认识,后来我们一起出席1995年陈国球教授主办的"中国文学史再思"国际学术研讨会。

也是在1992年,我的博士论文《大历诗风》由上海古籍出版社刊行,翌年《戴叔伦诗集校注》相继问世。后者是我硕士论文的附录,在读博士时就寄给昌平兄,他回信说经编辑审读可用。可后来并不顺利,几次讨论裁减项目都险被汰除,是他力主保留,最终才得以出版的。多年后闲谈中,提到这段往事,令我感铭不已。

当年程千帆先生将《大历诗风》推荐给上海古籍出版社,曾嘱我可请傅璇琮先生作序。我知道傅先生极忙,不忍心打扰他;同时觉得昌平兄对大历诗歌见地独深,且与我的结论不尽相同,请他作序可阐述他的看法,使读者有所参酌,便驰书相请,结果昌平兄极逊谢不可。我心目中只有他最适合为拙著作序,他既然辞谢,我就没有再请别人。后来我所有的著作也都没有再请人作序。

屈指与昌平兄认识已三十多年,通常这么久的交往都会让我们看到别人的某方面缺陷或不足,但在昌平兄身上我看不到,尊敬有增无减。上世纪八十年代初,传统学术刚恢复,学界多致力于拨乱反正,反思政治干预学术的恶果,对以往的错谬论断和评价加以纠正。而昌平兄却独辟蹊径,探索一条建构式的诗史研究路径。他发表在《中国社会科学》的论文《"吴中诗派"与中唐诗歌》建构了从王维到大历诗人之间清雅诗风承传的一段诗史,引起学界的广泛关注,我也深受启发。拨乱反正的工作,主要是修正某些评价的偏颇错谬,处理的仍是诗史原有的内容,不会带来新的诗史事实和新的诗史问题。但昌平兄的研究则不然,他所从事的诗史建构工作,改变了我们对诗史过程和事实的认知,是诗史的新发现。

到了九十年代,理论热、方法热笼罩学界,许多论著以标榜新方法为职志。海外学者的著作也格外引人注目,盲目崇拜的固多,狭隘排斥者也不少。昌平兄则能有所取舍,择善而从,曾以美国学者高友工、梅祖麟的研究为例,撰《意兴、意象、意脉——兼论唐诗研究中现代语言学批评的得失》一文,评论其唐诗批评的得失,显出包容开放而又不诡不随的学者本色。事实上,以昌平兄对唐诗史乃至文学史的认识,看当时那些宏观叙事或所谓新理论、新方法,不用说会觉得花哨而肤浅,鲜有理论和方法的效用。记得他曾写过一篇《唐诗演进规律性刍议——"线点面综合效应开放性演进"构想》,发表在《文学遗产》上,我问他怎么和以往写论文的风格大异,他不无顽皮地笑道:"我就是要给那些人看看,这种东西算什么?我们不玩,不是玩不了。我这篇文章,就是玩一下给他们看看!"但平心而论,这仍是很有价值的一篇大文,对诗史的认知方式提出了透彻的见解,虽然在他本人只是随手戏仿之作。

从厦门会议后,我们就熟悉起来。尽管睽多晤少,但每见面都很亲切。吃饭时要么他招呼我去坐他边上,或他看到我坐哪里,过来一起喝杯啤酒。饭后往往招我去他房间闲聊。和他聊天,从来不涉及人事是非,甚至学界八卦,所谈不离学问二字,间及生活情趣。

大概因为我的研究和他有些交叉,学术观念也比较接近,他喜欢同我讲他最近写的论文和一些想法,我对他学术思想的了解也不断加深。昌平兄读硕士虽然师从施蛰存先生,但学术方面自言承传马茂元先生为多。马先生的学问渊源于桐城,所以昌平兄论诗学也力求沟通文章学的义法,晚年他越来越用心思考这个问题,曾在《中古诗学——文章学的思辨形态和理论架构——从〈文心雕龙〉到〈诗式〉》一文中全面阐述自己的想法。2015年底出席浸会大学的中国诗学会议,回程同在机场候机,曾深谈过这一问题。我感觉多年来昌平兄始终在思考中国古代文论的安身立命之本,晚年已形成系统的想法。

无论从哪方面说,昌平兄都是我认识的学人中最具有高贵品质的一位,是一个真正脱离了低级趣味的人。我从来没听过他议论别人,偶尔对某人的研究不认可,也只讲论学理,不作诛心之论。初见昌平兄,他给我的印象就是相貌堂堂,风度翩翩,很典型的上海MAN。当然,是上海大男人,不是上海小男人。我自幼讲得最好的话是上海话,但平时只同两个人讲,一个是文学所当代室的刘士杰先生,另一个就是昌平兄。见到这两位不能不讲上海话,因为从里到外太上海范儿。

昌平兄注意仪表,对生活品质非常在意,又豪爽好客,常邀请朋友去家中一聚。也曾一再叮嘱我,到了上海要去他松江家中玩玩。但我难得一去上海,且总是行色匆匆,自然无缘一造他府上。也曾想象过他的家,应该是装潢颇为讲究的。2002年一起到布拉格开会,逛玻璃品店,他买了一套香槟色刻花凉水瓶和水杯,原价要一万多人民币,因有一件微损,不到半价出售。我虽不太懂玻璃,也能感觉是极上品的波希米亚手工制作。引得一拨外国和港台学者说,还是你们大陆教授有气魄,我心说这也就是昌平兄,有这大手笔。他不太喝白酒,能喝点红酒、啤酒,而极嗜咖啡,非常讲究并精通其道,我曾听过他讲咖啡经。

最后一次见到昌平兄,是2017年9月在胡晓明教授主办的"古今中西之争与中国文论之路"会上,也是坐一起吃饭,说些闲话。这一年初,我曾邀请他莅临11月我校举办的中古文学国际会议,他爽快地答应。不料10月突然接他电话,说夫人遽逝,身心遭受很大打击,不能成行。我劝他还是出来散散心,暂时离开熟悉的环境,可以调适心境。但他说无法接受夫人突然离去这一事实,本来说好携夫人同行,现在一人独来,难免触景生悲,情何以堪。他还说,最近一段时间深居简出,每天吃饭时摆一副碗筷在对面,一如夫人在日。我深知昌平兄伉俪情笃,清楚夫人的离去对他意味着什么。但又怎能想到,仅半年间他就随夫人而去!或许,这于他也是较好的归宿,免得经受长久的痛苦和煎熬。但对我们这些眷念他的友人来说,这个日子未免来得太快太突然;而对于学界,这个损失也未免过于沉重。

昌平兄曾对我感慨,说自己苦于事务繁多,没有多少时间读书;有点空闲只能细读《全唐诗》,从作品自身辨析唐诗艺术的发展和历史走向。这种专注功夫,使他对唐诗的认识,深度远远超出时下许多通史通论式的著作。他的每一篇论文,都能提出新问题,有独到的见解和发明。六朝到唐宋的诗歌史也在他的阐述中变得越来越丰富,越来越清晰。我不止一次听他慨叹,一部唐诗史早就在肚子里,就是苦于没时间写出来。昊天不惠,降此大戾,哲人其萎,百身莫赎。让学界期待已久的赵氏唐诗史,竟永为绝响!怎不教人憾恨、叹惋!

前两年我任《文学评论》副主编时,鉴于目前学术刊物多不发表书评,而总结四〇后一代学者的成就、经验已迫在眉睫,曾向主编建议开设四〇后杰出学者研究和评价的栏目,并约查屏球教授撰写昌平兄一篇。没想到文章尚未杀青,昌平兄已猝然先去。我相信,以查屏球教授研究唐诗之深,是足以为昌平兄撰写一篇好评传的,但已不能由《文学评论》(不登已故学者评传)发表,而只能由《文学遗产》刊登了。昌平兄的学术确实是值得我们总结、珍重的一笔宝贵遗产,只可惜未尽所蓄,他本可以留下更多的东西啊!悲夫,遂令我侪不能不为昌平兄一哭,不能不为中国学术一哭!

胡晓明

为思想而生的人
——王元化学馆重新开馆剪影

今年5月7日,王元化先生逝世十周年之际,位于华东师范大学中北校区图书馆的王元化学馆重新开馆了。同时为了纪念他,华东师范大学中文系、思想所、中国古代文学理论学会及校出版社共同主办一个以"后五四时代与中国思想学术"为主题的学术研讨会,来自上海及外地的学者,三十余人热切发言,算是以学术与思想的方式,纪念一个严正的思想者。

元化先生生前十分喜爱这段话:"沉思的心灵生活其实才是他们最为珍视的,时时会从喧嚣纷扰的世俗中回返思想宁静的家园,他们是那种为思想而生的人,而不是以思想与观念为职业的人。"他缠绵病榻之时,曾认真思考过建立学馆的事情。留下了两项遗愿,一是学馆的建立,不以纪念人物为目的,而以探讨他未完成的思想课题为宗旨;二是写上这段话。记得在他辞世前一周,卧床低语,亲口交待,要将这段话写在学馆的门口。然而诸事多磨,先生遗愿,今方达成。

一进学馆大门,在一个典雅的屏风上,以竖行楷书书法映入眼帘的正是这段话。我那天介绍这一段先生临终遗愿,忽游心幽冥,似与先师心意相往还。揣摩遥想当日先生心情：回首平生，"在荆棘丛生的理论之路上艰难前行"（先生语），坎坷多事，出师未捷，遗恨满胸，唯可称为乐事、宽以相慰的，即是"以思想为生，而不以思想为职业"。试想西方人临终前，床前常有牧师一番祷告，靠上帝的恩惠与力道，以消除恐惧，平静迎接死神的到来。人临终前的心理，如何免除一种无边黑暗与惧怖不安，是一大问题。中国明代的理学家罗汝芳曾讲一件事：某大人生平无不如意，然临终前不免数叹气。罗立志此生要寻一件不叹气的事情做，于是成为一名儒者。先师少为基督徒，中岁蹉跎，然而终于以书卷、学问与思想安顿生命，平静辞世，噫！先生终成儒者也。

上午八时三十分，王元化学馆重新开馆及铜像揭幕仪式正式开始。关于这个铜像，还应该再多说几句。铜像的作者是著名女雕塑家李秀勤教授，任教于中国美术学院。原来，先生生前十分喜爱杭州西湖湖光山色，多次前往位于西子湖畔的中国美院讲学，在那里结识了一帮敬爱先生的友人。我记得先生的八十大寿，就是在杭州西湖断桥边风景如画的湖畔居过的。那天美院的舒传曦教授很有创意，用八十个不同的大红剪纸寿字，参加的人每人一个，张之于壁，为先生寿。后来，这些美院的老师，自发捐资，要为先生塑一铜像。任务落在李秀勤教授身上。李老师是国际知名的雕塑家，然而百忙之中，放弃了许多其他重要的邀约，一心专力为之。她往返沪杭两地，不辞劳苦，多次访谈，为充分了解先生思想，做了数十盘录音录像，反复构思，揣摩体会，神与之游。终于完成之后，赢得了先生的称许。今天我们看这座雕像，与一般纪念性的人物头像完全不同，不是高昂放眼，而是低眉默想，然而先生面部最具特征的额头与眼睛，完全表现出来了！额头突出而饱满，笃实而有力，令人感受到充沛的思想在其中蕴蓄。眼镜框下的眼睛，有一股不易察觉的锐利与激情。俯首沉思，而又辐射着生命的气场，这奇妙的张力，正是"为思想而生"——这个切近了王元化先生的心，也使这一塑像真正成为有思想的艺术。在那天的揭幕仪式上，我公布了捐资者的名字，他们是中国美术学院的舒传曦教授、许江教授、刘正教授和王赞教授，并致深深感谢。

此次重开的王元化学馆位于华东师范大学中北校区图书馆二楼，除了永久展出先生生前的手稿、信件、日记、笔记等珍贵资料外，特意将王元化先生晚年思索探寻、未及解答的十九个问题以"王元化之问"整墙列出，同样以此方式列出的还有"王元化精神生命年表（1978—2008）"。1978年是先生的代表作《文心雕龙创作论》发表并引起社会反响的年头，自此至先生逝世，关于先生的学术思想引发的各种回响，据不完全统计，有148篇（不含单纯回忆与纪念文），或商讨问题，或发挥大义，或补订史实。"王元化"一名，实为一个符号、一支杠杆，表达当代人文思想之某种重要征兆。因而，王元化精神生命史，亦成为当代中国人文精神史之一脉，至今仍未止息。学馆将文章目录张于整幅大壁，以往复讨论的作品，展示学术生命的生生不息。此外，学馆内还将有关先生的生平资料，以视频的方式滚动播出，同时开辟了研讨区和讲演小会场，可供读书组、小型研讨会、讲演与定期研习，以期能够达成先生将学馆建立成一个持续用力、久久为功的人文研究公共机构的心愿。然而由于空间与收藏条件所限，未能将先生的书法作品展出，是最大的遗憾。先生晚年书法，为学人书法极具张力的典型，曾在上海美术馆、中国美术学院展出，引起很好的社会反响。

会上，学馆向大家赠送了刚刚送来的新书《后五四时代与中国思想学术：王元化教授逝世十周年纪念文集》两大册。王先生有一系列关于五四的反思为学界瞩目。其中一个很重要的思路即以西方为参照，而不是以西学为标准。这是新时代中国文化自觉的重要标志。我特地推荐了这部纪念文集中贾晋华教授一篇长文《感物溯源》，文章写得汪洋恣意，能放能收，是我心目中相当有分量的古典中国论述。她通篇讲了一个中国文化的关键字："感"。正如钱穆先生曾经说过："'感应'二字，实可谓会通两千年来文化之精义而包括无遗。"作为重要的参照，文章充分引证了西方有很多的汉学家，列维·施特劳斯、葛兰言、卫德明和李约瑟、史华慈、司马富、郝大维、安乐哲等等，引了大量的外文资料都讨论过，把"感"称之为"协调思维"（Coordinative thinking）或者"关联思维"（Correlative thinking），都认为这个思维是中国的文化的非常核心的东西。在宋代，张载把这个观念概括为"感之道"。隐含了一种"政治心理学"，相信通过心灵、情感、意志、人性的相互心理感通，统治者和被统治者可以维持和谐的关系，民众可以自愿愉快地接受统治管理，参与社会秩序的建设和运行，而不是依赖于强迫性的法律和惩罚。儒学的感之道强调最大限度地以心理的、情感的力量作为人类生活和社会秩序的主要激发和驱动力。更重要的是，"感"是一种东方式的情本体，天地万物同源共生，相互感通，相互依存，相互关联，相互协调，这就是所谓的"天地万物之情"，即包括人在内的万物在宇宙中生生不息的有机过程和共存共荣的情状。这样一种关联模式，涉及宇宙自然、社会政治伦理、道德医学、心理、美学等众多的领域。……总之，后五四关于中国文化的自觉，有很多重要的事情可以做，我欣喜看到，先生生前未及完成的课题,已经有更多更好的学术研讨正在继续中。

　　午餐后,诸位教授自愿前往青浦为元化先生扫墓,跪拜、鞠躬,献上新书与鲜花,众人驻足良久。随后随车返回,整场纪念会顺利结束。归途中,我写《暮春先师墓前感赋》,以纪行:

    城外陵园雨外天,春风无力起啼鹃。
    何人知道清园叟,遍觅松边更竹边。
    (注,久觅先生墓而不得)

    气节文章自有天,魂归楚地一啼鹃。
    先生仙去犹兀傲,碑面不朝大道边。

    残花飞向晚春天,啼血诗心托杜鹃。
    莫道哲人空留问,新书敬奉墓阶边。

王敬之

七十年前,在懿园看地毯戏

我母亲与张元和大姨是闺蜜,同喜好昆曲,常来常往。两家都聘请张传芳定期上门拍曲,所以我从小听惯了悠扬的曲声,但也只限于不反感而已,并不喜欢。稍长后爱看京戏,也仅着迷于麒麟童、盖叫天、小翠花、艾世菊之类的做工戏。昆曲的唱,一句都不懂,从何喜欢起?有一次,长辈在拍曲《思凡》,好意指点我看曲本,我确很专心从头至尾一口气看到底,看完全文,找来找去找不到唱到哪里了,旁人用手示意唱到某一个字,我倒抽一口冷气,天啊,唱了半天还是"年方二八"!从此更不想学了,长辈们也都放弃了引导我学唱的希望。

非常偶然,具体日期现在想不起了,肯定是抗战胜利之后、解放战争之前这段简短日子里的某一天,忽然听说大姨和她丈夫顾伯伯星期日将在他们府上合演一出地毯戏。既非公演亦非义演,纯粹私家活动,但此日大门敞开,来不迎,去不送,欢迎亲朋好友相互口传,来者不拒。自以为已经是个戏迷了,不花钱买票的白戏哪有不看之理!但只知道有梆子戏、蹦蹦戏,不明白"地毯戏"是什么玩意儿。他们家在建国西路的"懿园",虽也属于高级住宅,毕竟还是普通弄堂房子,里面并无戏台呀。这固然令人纳闷,最破天荒的是刻印老师陈巨来由于要同去观看，一改因烟瘾非傍晚不起的习惯，早早起身来舍间搭乘便车。在同车赴懿园的路上，才由谈话中得知，"地毯戏"即私家正式扮演之谓也，又知顾志成伯伯本名顾传玠，原是鼎鼎大名的头牌演员，戛然改名改行，所以此刻有机会非看不可。

到后方知，原来就是顾家楼下那间客厅，把桌几等摆设全部挪开，仅在中间留出一块舞台大小的空间，四周摆列着各式凳椅供观众坐。音响场面十分简单，仅张传芳一人擫笛，另一司鼓，又一司锣，好像都是仙霓社旧人，但我叫不出他们的名字。在讲定的演出时间以前，要看戏的人陆续都来了，不多时四周即已坐满，好像也有拥立门外和窗外的。四周观众，我大多不认识，据陈巨来师云，在座有不少名人，他随口讲了几个，可惜现已记不全了，只记得有郭沫若和巴金。这天仅一出戏《长生殿·小宴惊变》。印象极深的是，唐明皇杨贵妃一出场，四围的嘤嘤嗡嗡叽叽喳喳刹那顿消，俱被戏场上唐明皇和杨贵妃一生一旦的双人表演所吸引。

叨在幼曾熟读白居易《长恨歌》，故对敷衍其故事的《长生殿》大致熟悉，虽然耳中已常闻《小宴》的旦角唱腔，但对生角唱腔还是陌生的。顾伯伯的确不凡，他一出场就一望而知是帝王气度，而且毋庸置疑是个风流天子，让人感到活脱脱一个唐明皇。其唱与白皆异常清楚，其时我对那些曲词尚不熟悉，但他一开口"天淡云闲列长空数行新雁"，字字清晰而悦耳，其下大部分唱词约莫半数可以听出或猜出。这当然在很大程度上应归功于他的做工，他的身上和脸上不停地有活动，却非毫无道理的轻举妄动，身段和表情都是配合剧情、诠释剧词。甚至连杨贵妃载歌载舞的唱段，也由唐明皇的无声动作一起烘托出来了。

在杨贵妃随着唐明皇一声"回宫休息去吧"而退场之后,场上只剩唐明皇一人连歌带舞的"惊变",那真是精细雅致到了极点。此戏当然旨在刻画唐明皇闻报安禄山造反的反应,但顾伯伯在表达惊慌急怒之时,也处处不忘这是个帝王在慌怒,而不是输光的赌徒和破产的商贾。除了演员对人物身份的准确拿捏以外,他还施展了出神入化的演技。这是地毯戏,当然四面都是观众,无所谓背对或者面对之别,但从他无论是转过身来或转过身去,他的背部都有表情,可以看出他连背部都在演戏。

背部也在演戏这一点,并非我观察出来的,区区黄口小儿初次看戏不可能如此入微。是由于开唱之后,除笛声、锣鼓与唱白外,全场一片寂静,人人几乎屏息一声不出地聆观,直到曲终主人退场卸妆、众客自行散去(即所谓来不迎去不送),大家纷纷发抒观感,赞不绝口之中,交相提到背部演戏这一点,我始醒悟于此,回想果然不错。距今七十年矣,这出地毯戏在我脑中栩栩犹存,而且从此迷上昆剧,迷到现在可以为了看昆剧演出而飞越太平洋。在此七十年中,《小宴惊变》一直是昆曲的热门戏,看过不少内行和票友的男女老少各式人等所演此剧,留下印象皆不如此次地毯戏之深。

我算是明白陈巨来师何以甘愿为此而牺牲睡眠,看戏人也皆云不虚此行,同时也听到好些人慨叹:"这样好一个演员为什么一定要脱离伶界而改行?"其后,又陆续知道顾伯伯并不是因混不下去而改行,恰恰相反,他退出舞台时正是大红大紫的尖子头牌。也许只能用人各有志来解释吧。又过了约莫两三年,在解放前夕,顾伯伯突然造访寒舍,动员家父家母与他家一起去台湾,家父家母当然反劝他"国民党腐败至此,何必再去陪葬",双方谁也劝服不了谁,就此不欢而散。但谈不上绝交，顾伯伯的女儿长期寄居苏州，此时苏州被团团包围，顾伯伯曾转悠一整天不得其门而入，此女遂未被带往台湾，后来在清华毕业，成才成家，家母一直视为干女儿。

光阴荏苒数十载，迎来了改革开放，我得以赴美，当然留心顾伯伯的消息，却听说他在台湾并不如意，五十五岁就早早辞世。对这样的伤心事，见了张元和大姨当然只字不敢提。直到最后，大姨及四姨父皆告病危，两位在东部的同一城市，我自当飞往探视。先入住大姨之婿家。去后知四姨父已归道山，大姨则由医院转至"好自庇斯"（hospice），现正由其女及婿轮流二十四小时值班，我立即赶去"好自庇斯"参加轮值。第一次见识所谓"好自庇斯"这一待死之所，其实毫无死亡的恐怖气氛，窗明几净，倒像是休闲纳福之地。

与大姨同室诸人各有帘子遮住，各皆独自清修无为。唯大姨一人帘子高卷，已届九十八高龄的她犹倚枕躺坐，话是不大讲得动了，但神志异常清楚，我一到，她即自枕旁抽出一本新出版的英文《合肥四姐妹》："这是耶鲁一位教授的新书，你看吧。"我即掀开读之，一连读了几天。大姨此时不仅讲不动话，也吃不下食，每次送餐来，她必彬彬有礼谢过，然后装模作样自己举动刀叉，我一抬头她立即喝令："你看你的，我自吃。"我遵命低头续读，但眼角能感觉其手在四下挥舞，片刻后她吩咐："好了，让他们来收去吧。"我才看清其食物皆堆积在盘之四围，似嚼过而未嚼透，草草了事也。

几天后，书读完了，我不擅假装看书，只好没话找话。因《合肥四姐妹》书中也提到四位连襟，第一位就是顾伯伯，而前此不久，大姨曾将其新编之《顾志成影像集编》邮寄在下，故此时正好申谢，由此谈及大家都惋惜其改行，也提到她家的地毯戏。大姨正色而平静地言道:"顾伯伯一生只是迷昆曲,昆曲就是他的性命。那次地毯戏是我提议的,我对他说,你那么想演戏就在我们地毯上过一次瘾吧。"说至此,略略停顿一下,看得出她是在强抑感情,正在我急思如何岔开话题时,她已续道:"是的,不少人惋惜他改行,惋惜我们到台湾,其实在台湾那些年他经商没有攒钱,更没有从过政,他一辈子只对昆曲有兴趣。"这时我心想:你们演地毯戏的房子可是价值不菲呀。我似乎并未说出口来,大姨已接言:"懿园的房子还是我们结婚时买的,他除了戏曲艺术外,一心想成贤作圣、仁呀义呀,如何能做官发财?"喔,明白了,那房是大姨的嫁奁。

以上不妨视为大姨对我的临终遗言。当晚其子从台湾赶到,所以次日由其子去"好自庇斯"值班,那天也恰为耶鲁召开四姨父追悼会之期,故我随大姨之女及婿同往。眼见充和四姨一把搂住其另一位甥女啜泣:"我们四姐妹近几年好惨呀,二姐、三姐相继没有了,现在我的汉思没了,大姐正在弥留之际。"听到此,我们几人眼泪不禁夺眶而出,因为就在我们赴会的途中接得电话,大姨已经咽气了,此时此刻,谁又忍心对四姨报告其大姐的死讯呢?

大姨的骨灰由其子携回台湾,与顾伯伯合窆而葬。知顾伯伯者,唯大姨也。顾伯伯自始至终是活在昆曲的象牙塔中,一味想着忠孝节义的故事,吾爱其艺,更敬其人。圣人有言"为仁由己而由人乎哉",吾于顾伯伯身上得之。

蔡　翔

顾老先生

顾老先生姓顾,拜访过几次,见面叫顾先生,名什么,反倒记不得了。认识顾老先生,是因为周山。

1980年代末,我每天读书编稿,写点时文,换点烟钱,偶尔打牌,有输有赢。但没多久,单位说要自负盈亏了。于是,立马就从,文学青年,变成了油腻中年。坐下来合计,抢银行,不敢的,做生意,也不会,会的,编书编杂志。集体的事情,总要出力。理想,交给纯文学,生计,就留给畅销书了。那时,我们单位资料室的小阁楼上,堆着一批旧书,都是上世纪三四十年代的通俗小说。我一本一本地翻过,武侠也分南北,言情侦探,苏青潘柳黛,算是开了眼。知道,张爱玲身边,也还有几个战友。挑一点,还能看的,复印,复印好,交给编辑整理。那时,我们的文学编辑,趣味,都蛮高雅,一边编,一边就发牢骚。我也只能充耳不闻,视若无睹。我从下乡那天开始,就明白一个道理,人急了,什么都能干。编了一堆,真正出的,也就一二本。好像还真赚了钱,赚了钱,就有人管,管了,就不能出了。书不出了,出增刊,长篇小说。这下没人管了,合理合法,就到处打听,有没有人在写畅销书。

离我们不远,淮海路,上海社科院。经常来的,有裘小龙,专业英美文学,但从不谈现代后现代,谈什么?谈侦探小说,后来,裘小龙出国,还真变成侦探小说作家,一晃,几十年了。还有一位,张文江,不常来,来了,讲老子庄子。后来,张文江在家密授古典,听者云从。据说,王安忆也在门下行走,所以,说起张文江,王安忆的眼睛是会亮的。我那时对学问,已经淡了,愁的,是生计。东打听,西打听,打听出周山,也是社科院的闲人,哲学所,研究古代哲学,兼写通俗文学。我对哲学没兴趣,听到通俗文学,眼睛也亮了。

周山来了,挟着书稿,还没坐下,先谈稿费。我说,讲钱太俗,先看书稿。一页一页地看,李士群出来了,丁默邨出来了,吴四宝也出来了,还有吴四宝的老婆佘爱珍,76号啊。我朝周山看看,周山莫测高深,说,还有很多,不能写,不能写的。就想,这是哲学家?怎么看,都像历史系毕业的。然后言归正传,一边漫天要价,一边就地还钱。周山满意了,我也满意。我后来体会到,大家都满意的事,也就是大家都觉得占了便宜。

周山后来成了常客,主要因为,周山很闲。来了,就云山雾罩。李士群谈腻了,就讲讲哲学。我呢,生计问题暂时解决了,听听哲学也是好的,一边听,一边点头。当然,不能乱点,就像以前听戏,冷不防,叫声好。我后来也总结出,对付这些知识分子,最好的办法,是听他们谈学问,时不时,还要会心一点头。当然,有时也蛮累的。

周山聪明,聪明的人,一般都精力充沛。精力充沛,又没地方发泄,所以,不容易安分。有段时间,周山不讲哲学了,谈古董,反过来,有点向我卖拐的意思。当然,也就是说说。行动,是没有的。我又何尝不是如此,既不向先锋致敬,也不去研究孙甘露孙老师,整天想着畅销书,惭愧。

周山不知怎么提起顾老先生,老先生是周山的前同事,退休了。周山说起顾老先生,眼睛也是亮的。说多了,就有了顾老先生的模样,儒雅,通学,述而不作。说多了,就有了拜见老先生的念头。

也是一天,正觉得无聊,周山来了,说去见顾老先生。拐了几个弯,到了福州路。福州路,上海老城厢,除了旧书,还有老房子。周山说,王宝和。那时,"王宝和"还蛮市民,买了黄酒,还有花生米、豆腐干之类,有没有猪头肉,想不起来了,应该没有。

这才到了顾老先生的家,进了门,楼道暗暗的,木制的楼梯有年头了,极窄,踩上去,咯吱咯吱,还有点晃。晃了一层,又晃了一层,顾老先生笑呵呵地站在楼梯口。

屋内的陈设简单之极,墙皮也有些剥落,耀眼的,是一排红木柜子。顾老先生笑眯眯地站在那里,一件蓝色的中式对襟棉袄,洗得淡了,袖口也有点发毛,看起来,不像学者,倒有点像过去写字间的职员。看到我们带来的酒菜,顾老先生又笑眯眯地拿出三只酒杯。

周山是熟客了,酒还没喝,先去打开红木柜子,边招呼我过去观赏。柜子里,有许多小抽屉,小抽屉里,有许多集邮册式的本子。里面,夹着许多钱,钱我认识,但不知道是什么钱。那一次,我是开眼了,看到的纸币中,面额最大的,是新疆盛世才发行的纸币,六个亿,还是六十亿?匪夷所思。那时,我沉迷武侠小说,就问顾老先生,有没有银票,顾老先生想了想,打开一只抽屉,还真有,宋代的。周山炫耀似的说,顾老先生的收藏品中,好多是绝品,我就想,干嘛不换成现钱?又不敢说,怕老先生说我俗了。

又看铜镜，黑乎乎的一堆，破镜重圆，有了点感性认识，玻璃的怎么圆？又好像看到了磨镜老人，但怎么磨，也不如玻璃呀，雾里看花，朦胧美。也是不敢说的，说了，就俗了。

再看玉器，顾老先生就很谦虚，说他父亲专攻玉器，自己，是不懂的。我这才知道，收藏，也有家学。我也就是胡乱看看，只是有两只花瓶长得奇怪，有好多奇形怪状的人形，顾老先生说，那是十二星宿。周山说，博物馆开价多少多少万，顾老先生也不卖。我就急了，干嘛不卖？周山白了我一眼，我就知道错了，俗。顾老先生只是淡淡一笑，说，那是先父留下的，是个念想。周山解围似的捧出块石头，问我是什么，我说，磨剪子的。顾老先生又是一笑。周山说，这是新石器时代的石斧……我脸上，就有点讪讪。

这就有点索然了，俗人，是不能面对古物的。

接着喝酒，周山就问顾老先生最近在忙什么。顾老先生说，在帮一家博物馆鉴定玉器。这就说起，某地发现了一个废坑，坑里是玉料，附近是王宫。估计是当年王宫工匠制玉的边角料，现在被发现，就有人做成古董，混入市场。周山就问，机器呢？顾老先生说，机器也不行的。顾老先生又对着我解释，年代是一样的，同位素也很难测定，只能看刻痕、刀工、艺术风格。我频频点头。这就看出老先生的厚道了，忠厚长者，不许座中有人向隅。

古董看过了，也没看出什么门道，周山和顾老先生，心里是有数的，一边喝酒，一边开始谈学问。周山就将古史上的问题，一点一点拿出来请教，顾老先生也就一点一点地发表意见，说一点，还谦虚地问周山，周兄意下如何？周山有时候反驳几句，当然，还是点头多。我就有点惭愧，评论家，也就写几篇时文，学问，是没有的。

那时候，周山正在研究易经，又开始讨论易经。我对易经，只知道八卦，也知道八卦能卖钱，就在那里想，什么时候忽悠着周山再搞一本风水八卦。我在这里胡思乱想，顾老先生或许以为我有所思，就下问，先生有何赐教？我连说不敢，急中生智，就问，易经究竟是谁写的？话出口，就知道完了，外行，外行话啊。我也没料到，这话，却挠到了老先生的痒处。顾老先生也不问周兄意下如何了，一张口，就说，易经啊，那是一本兵书。周山就懵了，我却来了兴致，此话何讲？老先生滔滔不绝，你想，易经多复杂，山川气候，各种偶然性，什么没考虑到？小农经济，农业社会，有必要这么复杂吗？我想了想，想到下乡，种地，靠天吃饭，庄稼活，人家咋干我咋干，斩钉截铁地说，没必要。对呀，那什么东西需要这么复杂？那时有工业吗？没有。有航天吗？也没有。战争，只有战争，才需要考虑那么多的复杂因素。顾老先生自问自答，又朝我看看，大有引为知己的意思。我朝周山看看，有点幸灾乐祸，什么逻辑，什么哲学，兵书，兵书啊。周山挣扎着追问，八卦，八卦怎么解释。老先生面有得色，结绳记事啊，打个结，乾卦，再打个结，坤卦，酋长，酋长们写的。集体创作。看得出，这些问题在老先生心里也是缠绕许久。说完了，顾老先生又摆摆手，乱讲讲的，不能写文章的。我就乐了，原来学问家，也有想象力，只是要实证，没有实证，权当说说酒话。心里，却和顾老先生近了许多。

后来，我和周山又去了几次。喝喝酒，看看老先生的收藏，听听掌故，说说艺术，自己也觉得，雅了许多。又有点奋发图强的意思，空头文章要不得，明天开始，闭门读书。当然，也只是想想，明天复明天，明天何其多，浑浑噩噩，就这么过来了，于学问，终是无缘。所谓，志于道,据于德,依于仁,游于艺,倘若以此为人生四境界,顾老先生洞彻世事,进退自如,而我,则连什么是道都没有搞清楚,一生,都在苦苦追寻。但心里,对艺,虽不能至,却心向往之。

后来,终究难以摆脱俗务,生计,也是要愁的,顾老先生那里,慢慢,就少了走动,再后来,断了音讯。这一晃,也快三十年了。三十年,为一世。

再后来,周山专心学问,通俗文学,也是不写了。我见约稿无望,慢慢,也少了来往,只是在一些朋友那里,知道些情况,蔚然大家了。我这人,不善应酬,朋友间,也疏于问候,只是,在心里,还是常常念着旧雨。

蔡小容

贺老爷的时空门

关于贺友直先生的连环画艺术,我写过散文,也写过论文,而由此衍生的与先生在数年间的交往,我还没写过。前些日子,上海人民美术出版社的康健老师说他们正在编辑《贺友直全集》,问我这里有无相关书信资料,我就此把贺老寄给我的信件和书整理出了一份记录:七年,五封信,六本书。我写给他的信没有留底,看他的信再参照我的日记,我大致能把来龙去脉还原。

九十多岁的贺友直先生每天在上海的小街上散步。有人上前招呼:"您是贺先生吧?"他摆手:"对不起,我不认识你。"目不斜视,他走过去了。这样的事情太多,家人总要替他向人解释,其实无须解释,所有人都认识他,他并不认识所有人,当然不能做众矢之的。贺宅的电话也常常响起来,什么时间什么人都有,要找贺先生。如果都要接待,九十多岁的老先生根本无法存身。所以他的时空门,轻易不打开。

我比贺老晚生了整整半个世纪,时间、空间,都相隔遥远。小时候,我看过他的许多连环画:《连升三级》《张飞审石头》《白光》《"老涩"外传》……他的笔法对于孩子来说是过于老辣了,但我认得,不

会忘记,那些画面混合着连环画脚本的诙谐语言,时而会无厘头地在脑海中冒出来:

  ……明朝济南府,有个大财主。财主有独子,学名张好古。……

  这是我童年的底子。上大学时,曾与一位画家说起我喜欢连环画,他很不认同,给我一个保留性意见:"如果你一定要看,就只看一个人的——贺友直。"而事实是我从小到大已经看了大量的连环画,不可更改了。若干年后,我写了一本书,是以连环画为题材的散文集,我因为它而认识了贺友直先生。

  2009年,我这本《小麦的小人书》在北京大学出版社筹备出版。文章配图都是连环画,用在书中怕有版权问题,须设法解决一下才好。问题提出,有人在我博客上留言说:"小麦想找贺友直老,可以去找《读库》的老六啊。"我那时还不知道一个人办《读库》的老六,张立宪。但很快就知道了,也得知了他向贺友直先生约稿的轶事——电话接通,老人一声断喝:"你不要给我打电话来了!"老六给老先生寄《读库》。一个月后,他收到老人寄来的特快专递,里面是手写的信件及文章。激动的老六又打电话致谢,老人还是一声断喝:"你不要给我打电话来了!"但后来,老人家很喜欢张立宪了,经常自己打电话找他。

  按老六给我的地址,我写了一封信,把我最好的字写在最好的信纸上,并附上我写的文章。"小人书:贺家班系列",这个系列是《人民文学》2009年的"庆祝建国六十周年特选专稿",我选择了贺友直先生绘画的四部作品《小二黑结婚》《山乡巨变》《李双双》和《朝阳沟》，写成四篇文章，反映从建国之初到七十年代几个重大历史时期里人民的生活和精神风貌。十天后，回信来了，老人的自画像印在信封上，他的目光从镜片上方看着我。拆读，纸上的字迹像刻钢板一样工整遒劲，行文客气而矜持，表示这样写连环画"尚有点意思"，同意我在书中采用他的画幅，同时特别说明，他的画仅作为我文章的图例，不能以其他形式出版——哈，我还没想到这个呢，老人家的思维真是非常清晰敏锐。信末他写道：

  我已虚岁八十有八了，精力日衰，如无必要请勿来信。因为写回信费时耗力，不复则失礼也。

  书出版后，我给他寄去一册，大约过了一个月我打电话到贺宅，恰好是老人接的。他说书早收到了，连连地说非常好非常好。我知老人不喜人打扰，不爱听电话，说我就是问一下寄到没有的，您休息。之后几年没有联系，但有一桩有趣的事情。2010年的上半年，张立宪到上海拜访贺老，和他谈到我的书，就让老人拿着我的书拍了两张照片。随后老六就把这事儿忘了，到了下半年，忽然又想起了，就把照片找出来发给我，我一看喜从天降。照片拍得好极了——老人站在书桌前，戴着眼镜低头在看《小麦的小人书》，书正翻到有他的图画的那一页，他脸上的神情非常慈祥。这件事情的可爱在于自然随性，包括老六拍完照片就忘了，过很久忽然又想起这个环节都不可缺少，否则就没那么可爱。这两幅照片隔空传过来了老人的表情，使得本来可能不会再有的联系没有断开。又过了两年，我的一本长篇小说出版，书中有我自己画的插图若干幅，我给老人寄去一册，在扉页上写："请贺老爷看看小容的画"。

"贺老爷"这个称谓是在我的文章中自然而然出现的，在一个恰当的地方。他画《小二黑结婚》，构思奇特，每幅图一分为二，左边的图"说"故事，右边的补充和衬托故事，形成或呼应、或影射、或反讽的效果。"您怎么想出来的，贺老爷？"我写到这里这么问，好像是在当面问他，问他的人也许是我，也许是一个抽象的观众；再给出他自己的回答："我从川剧的后台帮腔得到启发"，这样就形成了一个自然的对话。"贺老爷"这个称呼真合适，算我发明的，但并不总用，只用在最恰当的书面场合。

贺老爷收到书，给我打电话来了。错过又接上，他高兴地跟我聊了十来分钟。他说，要孩子从小做大量的作业，使他们厌恶看书……"你说，这怎么得了？"九十一岁的老人了，说话如同他写的信一样，口吻、笔迹、思维都极缜密有力。他还在画画，每天画两个小时。"九十岁还在画画的人有，九十岁还在画线描的，只有贺友直一个啦！"他不无得意地说。他要给我寄本书。我不安地问："有人帮您去寄吗？"他说："我找个事情上街转转。"他住在巨鹿路，那条路我去过，是我最喜欢的那种梧桐树小街。我想象他收拾好书，出门，穿过绿树葱茏的老街，上邮局去——春天正好，老爷子上街遛弯了。

"你收到书，再给我打个电话！"

他寄的是特快专递，硬匣精装的图文书《贺友直自说自画》。这是2012年的事，他去邮局那天是4月30日，我还留着他手写的特快专递大信封。

同年9月他写来一信，谈《自说自画》，写了两面纸。信末的一段特别可爱：

> 您若来上海，请到寒舍坐坐，我家在上海作协西边百余公尺的一条弄堂里，这条马路上有几家尚可的餐馆，请您吃顿便饭，若能饮的话喝盅孔乙己喜爱的绍兴黄酒，又若落脚在我家近边的HOTEL，就请您"过早"吃我家乡的年糕汤或酒酿圆子。

老人的心意，不可辜负。2015年1月，上美社邀我参加全新整理版连环画《三国演义》赏析会"群儒舌辩话《三国》"，使我有了拜访贺友直先生的最好机会。25日活动，26日一早我带着女儿先到上美社参观这所连环画的梦工厂，将近十点，我们穿过一条窄巷，上贺老爷家去。还没到，他打电话来了，我说在巷子里啦，他说："你到了直接推门进来。"

推开临街的门，正对着门的是一长条楼梯，老人站在楼梯顶端的房门口。他每天出门遛弯，就从这楼梯爬上爬下。从这楼梯走上去，就进了他的"一室四厅"——一套一居室的老房子，他自己在文章里写道："一室四厅感觉大"，客来作客厅，吃饭当饭厅，睡觉成卧室，画画当画室。真个感觉大，而且，太好玩了！一个四方的大房间，以家具和布帘隔成四间，家具满满，东西多多，但整齐有序，老家具配搭新用品，够做全套道场。进门右侧那道布帘隔出的卧室里，是一张订做的架子床，床的上方订做成衣柜，衣柜上方还有箱笼物件，占满空间；而架子床上呢，靠枕头并排躺着布娃娃、布猴子、小熊大熊大鸭子，小熊靠在大熊的怀里。我真想哈哈大笑，但那成何体统，初次拜访、拜访这等闲不得见面的老先生，一个多小时只够我说些循规蹈矩的家常话。

见到贺老爷才知什么叫"精神矍铄"。他看上去完全不像九十三岁，像六七十岁的样子，行动自如，耳聪目明。他用不甘心的语气跟我说，他现在不能出国了，因为航空公司不给办保险，说他在飞机上如果……就很危险……"好像我一上飞机就会死掉了！"他大不以为然。哼，他还想去法国呢，法国邀请他。墙上挂了好多照片，有一张可能就是在法国的街头，起风了，老伴儿正在给他拉上棉袄的拉链。

坐了一小时，我喝掉了两杯上等普洱茶，九岁的女儿坐在小椅子上吃奶奶拿来的点心、饮料，把我和爷爷坐着说话的情景录了一分钟的像。在这一分钟的末尾，他起身要去另一间小书房取书送给我，我说您已经送给我好多书啦，他说："我记得。送过你的不会再送。"去拿来一个考究的大本子，题字、盖章——这个本子叫《小小一碗面　浓浓邻里情》，中英对照，他还很会讲几句英语呢，经常讲讲，so far, so good。

回家后细看照片上的贺家，我的哈哈大笑延迟爆发。难怪他画的《山乡巨变》里有那么一组镜头，刘雨生躲在他的小屋里偷看究竟是谁天天来给他做饭，瞥见盛佳秀进来，他与她捉迷藏似的你进我退，闪转腾挪，布满了各种家什帐幔的逼仄小屋够这两个人这里那里活动的。贺老爷最擅长螺蛳壳里做道场。我发现我与他对坐的八仙桌，就是他1952年进新美术出版社第一次领到工资后在旧货店买的那张老红木麻将台，四边有放筹码的抽屉，六十多年来一直是他家的餐台。他的家，则是1956年新美术并入上美社，他想上班近一点而找到买下的房子，他从那时起一直住在这里。

那年秋天我上飞机走了,到美国杜克大学访学一年。2016年3月16日,好些个人给我发微博微信,说:"贺友直先生去世了!"当时我有苦难言,难以作答,因为前一天晚上我刚刚得到消息,我母亲病危,我们正在办各种手续、订机票、收拾行李赶回国。原来空间与时间是这么地坚固而深厚,要经过漫长的穿越——转了几道飞机,整体飞行三十八小时,距离出发四十六小时之后,我回到家乡,在重症监护室见到了医生说只能维持一天而等了我三天的妈妈。但她没有醒来,次日傍晚她去世了。从美国回中国的半个月,我仿佛掉进了一个时空的褶皱……

2016年3月17日,我还在天上飞着,《天涯》杂志微信版发表了我2008年写的论文《两个人的〈山乡巨变〉——从连环画看原著》:"蔡小容这篇可能是国内讨论贺友直先生与周立波先生〈山乡巨变〉最深入的文章了——哀悼贺友直先生。"

人生不相见,动如参与商。今夕复何夕,共此灯烛光。

张 伟

一代名士唐大郎

前几日,在上海大学做了一次《唐大郎与海上名流》的讲座。能向大学生们讲述近代史上一些值得纪念的人与事,我自己是感到欣慰的。事后,有朋友和我说,这是关于唐大郎的第一个讲座,又莫名有些伤感。这些年我们驰骋商海,追逐财富,遗忘的东西似乎太多了。

上海是中国新闻界的重镇,尤其在晚清民国时期,几乎撑起了新闻界的半壁江山,而这座"江山",其实是由大报和小报共同打造而成的。上海是中国"小报"的发源地,自1897年6月第一张小报《游戏报》创刊,到1952年11月《亦报》的停办,前后存续达五十余年。小报一问世,就秉承"记大报所不记,言大报所不言"的宗旨,尽可能远离政治,将视角下移,大量刊登社会新闻,专述市井小事,从衣食住行到吃喝玩乐,将市民百姓的开门七件事一网打尽。小报"自由""消闲"的特性,反而让它的销售量远高于一般"板起面孔做文章"的大报,在上海市民的文化生活中占有重要地位。可以说,大报的庙堂气象、党派博弈与小报的江湖地气、民间纷争,两者合一才组成了完整的社会面貌,要洞察社会的大局,缺大报不可,欲了解民间的心声,少小报也不成。大报的"滔滔江水"和小报的"涓涓细流",汇合起来才是完整的、有着丰富细节的"江天一景"。可以说,少了这一泓"涓涓流淌的鲜活泉水",我们的新闻史就是残缺不全的。一些先行一步、重视小报,认真查阅的研究者,很多已经尝到甜头,写出了不少充满新意、富有特色的学术论文。小报里面有"富矿",这已经成为越来越多的专家学者的共识。我始终认为,如果小报得到充分重视,借阅能够更加开放,很多学科的研究面貌一定会有很大的改观。

当年小报界活跃着很多健将,如陈灵犀、胡梯维、龚之方、卢一方、陆小洛、陈蝶衣等,他们身处社会中层,交游广阔,热衷结识各色人物,熟知民间甜酸苦辣,且大都文化底蕴深厚,能写一手好文章。他们以小报报人的眼睛观察周围世界,体验社会生活,从中吸取素材养分,每天要为几家报纸写稿。这其中唐大郎堪称佼佼者,"小报状元""江南才子"和"江南第一枝笔"的称号绝非浪得虚名。

唐大郎原名唐云旌,1908年出生,上海市郊嘉定县人,常用笔名有高唐、刘郎、定依阁主等。他自幼从舅父(清代诗人钱谦益的后人)学诗,家学渊源,打下结实功底。二十年代中后期他即为小报撰文,1930年前后正式入职《东方日报》,成为一名职业报人。他文思泉涌,才华毕露,出手极快,从不爽约,好几家小报都邀他写稿,大有应接不暇之势。巅峰时期,他同时为《铁报》《诚报》《飞报》《辛报》等六七家小报写稿,每家一篇,每篇几百字,一天要写三五千字。唐大郎从事新闻工作逾半个世纪,写作诗文不计其数,据笔者粗略估算,大郎一生所撰诗文至少在三百万字以上,而每篇诗文的字数一般都在五百字左右,如此一平均,其发表诗文篇数之多是可以想象的;而且,大郎并不视自己文章为名山伟业,随写随刊随丢,生前竟然从未出过一个集子。这么多年,不断有人呼吁为唐大郎出版文集,但除了潘际坰、黄裳先生搜集大郎晚年在香港《大公报》上所刊诗作,1983年在港岛为他出了一本薄薄的《闲居集》外,其他就一概付诸阙如了。

唐大郎自己虽然并不敝帚自珍,但喜欢他诗文的人却很多,其《高唐散记》《定依阁随笔》和《唐诗三百首》等都是当年的名牌专栏,很受读者欢喜,以致"看了大郎再睡觉"成为当时的一句流行语。早在四十年代,就有读者自发搜集张罗,有意为他出版文集;张爱玲更是直接建议他将书命名为"唐诗三百首",并且认为"这名字来得浑成",她还表示唐大郎的一些打油诗是"赚人眼泪之作",不能舍弃。大郎擅长写近体诗,写得最多的是七绝,但不论是五言还是七言,律诗还是绝句,都严格按照格律办事,平仄协调,对仗工稳,可说循规蹈矩,一丝不苟。他的诗完全依照韵书押韵,偶有浑押或移韵,也必预先说明。如大郎写周信芳演《刘唐下书》的绝句:"行路登楼颇耐看,小锣紧打客心寒。郓城托出刘唐美,只在襟边与扇端。"被人誉为"戏好,诗也好,最能道出其魅人的神韵"(吴承惠语)。大郎对自己的诗也颇为看重。当年他在报上写过一个专栏,名为《唐诗三百首》,署名"高唐",自注"高唐"两字作"高出于唐人"解。其自负可见一斑。

但如只是严守格律,那就不是唐大郎了,更可贵的是,他在旧体诗的内容与形式上都做了创新的努力,并且获得了相当成功。黄裳说:"他对旧诗有相当深厚的修养,对前人的业绩,甚至那一套严酷的声律都表示尊重,严格遵守。但他又蔑视一切僵死、腐朽的教条,有很大的勇气来加以突破。"可谓道出了大郎诗受人欢迎的真谛。他的诗,形式上纯属传统,内容上又绝对现代。二十世纪三四十年代的都市生活,戏院、书场、舞厅、酒楼里的红尘世界,霓虹灯下钗光鬓影,红氍毹上悲喜人生,以及亲朋好友、文人艺人的身边琐事,都是他信手拈来的写诗材料。旧瓶装新酒,信笔吐真言,俚语俗句,艳词乡曲,穿插其间,浑然一体,读来别有风味。他的朋友曾妙笔形容:"在他的笔下,市招如五芳斋,家常菜如咸菜豆瓣汤,电器如录音机,称呼如奶奶,俗语如抬杠、揩油,方言如交关、野豁,詈词如王八、叭儿,诸如此类,都可以入诗。更叫人不可思议的是,诗中还出现了'老铅''皮蛋''哀'(扑克牌中的K、Q、A),还把Tango的译音'探戈'两字拆了开来,写出了'老夫欲犯当年瘾,真想投池探一戈'的诗句,真叫人忍俊不禁。"(陈榕甫语)这里可举一例。唐大郎和书法篆刻家邓散木(粪翁)关系密切,一次,邓散木假宁波同乡会举办个展,唐大郎自然前去捧场,观后并为之赋诗一首,诗后并加注:

题粪翁个展

昨天去到宁波同,

乡会里厢看粪翁。

个展恒如群展盛,

风姿渐逊笔姿雄。

眼前谈"法"应无我,

海内名家定数公。

但愿者回生意好,

赚它一票过三冬。

此诗首二句实为一句:"昨天去到宁波同乡会里厢看

粪翁",予则砍拆成二句者,打油诗未尝有此先例,粪翁先生见之,得勿叱为放屁。而读我报者,又得勿将我骂煞快耶?虽然,编者要我写,我则只有迭票货色,他又不好意思不登哉?粪翁书法篆刻之高,在此无容赘言,其实要我多说一句,我亦说不出什么来也。惟上海所有书画家之展览会,论生涯之美,恒以粪翁居第一位,盖内行固欣赏,外行亦"吃"来邪气也。

此诗颔联、颈联一派唐诗风范,首联、尾联则全然口语,但两者结合却浑然天成,毫无隔阂之处。其诗注尤显"唐诗"风格,插科打诨,诙谐幽默,看似油滑,却把诗人与散木的亲密关系及其对他高超艺术的由衷推崇写得淋漓尽致。

大郎写诗,后面总附以数十字、数百字不等的自注。有人读了他的诗后,对他说:"还是诗注好看。"此话听来颇似买椟还珠,但大郎却引为知己,并兴冲冲地写下一首诗:"昨天有客吾家过,忽然道出诗屁股,名字听来第一回,为之眉色皆飞舞……"诗名即题为《诗屁股》。其实大郎的诗注,不同于通常的注释,与诗同读是诗的有机组合,与诗拆开,能成一篇绝妙的小品文。李君维对此有很精彩的评论:

> 例如他做了首七律《百合》之后,写道:"每年买百合一二十斤,由夏天吃到秋末。下午煮食,剥洗工作由我躬为之,因我起得早,剥得早,可以在清水里养它几小时也。我从小到老吃百合几乎没有间断过。它有时带点苦涩,我觉

得味道更好。陆放翁说：'一盂山药胜琼糜。'我却想不出山药会有什么好的滋味。十五年以前，读过茹志鹃《百合花》的文章，那文章写得感人肺腑。也从此使我知道了百合花是什么样的。原来我小时候家里的土布被面和褥单，以及葛布的蚊帐，我祖母统称之为蓝地白花，或者白地蓝花的那些花纹，都是百合花。因此对茹志鹃的文章更加怀念。后来看到报刊上有她的文章，总买来恭读。在这里想说些题外的话，上海的大作家，我认识的不多，柯灵算是最早的了，四十多年；三十年前与黄裳订交；到今年（一九八〇），才幸会了巴金先生。遗憾的是二十多年来，我衷心赏爱的两位作家，至今还素昧平生。一位是王若望先生，一位便是茹志鹃先生。"这类小品文字，内容充实，或叙事、或抒情，时拉近、时推远，亦庄亦谐，半雅半俗。率性挥洒，不拘一格。文字自具个性，明眼人一眼就能看出。

黄裳也这样认为："刘郎的诗与注是不能分割开来的。他的注有时比诗写得还好。这些随手写下的诗注有时就是很好的杂文。"

其实，诗歌这种体裁，决定了它言不尽意，贵有余韵的特点，而写纪事的诗，因历史赋予的丰富内涵，更难言明说清。故"纪事诗"这类作品，读者看重的往往是诗后的注，也即诗外附带的情节说明：本不知道的藉此增长知识，原先知晓的体味故事背后的奥妙，有兴趣研究的则从中发掘宝藏；或言一般人欣赏的是其中的故事，而研究者则对其中的史料更感兴趣，视之为第一手文献。唐大郎的"打油诗"固然出色，但若无注，其魅力则不免要大打折扣。

唐大郎是个交游广阔的人，在戏剧、电影、文学、新闻等各界都有很多朋友。这就又显示了他的诗的另一种特色："他是用诗和诗注的形式来作新闻报导的，因为他又是一位报人。"这是黄裳的观点。熟悉电影史的朋友都知道，在抗战胜利后的中国影坛上，文华影业公司是最让人高看一眼的，唐大郎在1948年初写的一篇文章中恰巧谈到了这一问题，并对自己有"文华"这样的一批朋友而感到由衷的高兴：

> 文华公司的编导阵容，如钢似铁，这是公认的事实，用不着我来替他们夸张，如黄佐临，曹禺，桑弧，在戏剧上的造就，都是超然绝诣。中国的电影戏剧，目下已由幼稚时期到了健盛时期，他们都是功臣。他们以外，还有一个金山，最近我们看了《松花江上》的气象万千，我不能不钦服我的老朋友，十年来的努力，真有两下子。昨天是我愉快的一天，我同他们在一起吃饭，他们都同我很好，桑弧平时和我们常在一起，与佐临认识亦已多年，惟有曹禺相交不过一载，但他们对我的了解却是一样的。我是因为崇拜他们，由崇拜而生敬爱之诚，每次和他们在一起的时候，我会有一种"虚荣心"，觉得我也是第一流的人物。

唐大郎一生为人，风流倜傥，率真洒脱；其撰文写诗，则感情浓烈，真挚清澈。柯灵写道："刘郎是熟人，我自信多少还能了解他。他的好处是通体透明，没有一点渣滓。高贵也罢，鄙陋也罢，他从不文饰自己，这才是真正的'水晶肚皮'。才气使他狂放，而坦白使他廓大，如果有缺点，那是有时不免感情用事，趋于褊急。"这是知心朋友的评价。唐大郎对美和善的人与事物，似乎有一种天然的亲近感。符铁年弟子朱尔贞小姐聪慧多姿，能书善画，也是唐大郎经常来往的朋友。唐大郎有一篇文章写到他的微妙心态：

> 认识朱尔贞快三年了，近半年来，我们见面的时候比较多些，她一身怀着清才绝艺，又是风骨如仙，近她身时，就觉得秀气袭人，这样的小姐，是不会叫人起什么亵念的。有时在一起吃饭，她是傍着我坐，这时我常常有一种希望，希望跑来一个陌生朋友，经过一阵寒暄之后，忽然指着她，问我："这一位是你的小姐？"当时我自然会加以辩白，但心里将是无限喜悦的；我以为能够范铸出这样一位小姐来，总是值得骄人的事。

唐大郎曾育有一女，但年幼即逝，其心中隐痛自然惟有自知，他曾有一篇文章写到这种怜女的心情：

> 我是没有女儿的人，近来之方常常跟我提，到了我们这种年岁，其实不应该再要什么女朋友，最好有一个长大一点的女儿，天生的漂亮，大方，没有事，就带着她满处乱闯，听相识的人见了她赞不绝口，这心境也是够愉快的。

读了此文，再去回味他对朱尔贞的欣赏，体悟会更深一层。同理，他写才女周鍊霞，虽仅短短一句，但欣赏关切之情却溢于言表：

"难得出一个周鍊霞，但她的丈夫是重利轻别离的远走台湾，她却耽在上海。"

1949年后，唐大郎先是在夏衍支持下主办《亦报》，过渡之后，进入《新民晚报》主管副刊，提出著名的三段论：上身思想性，中间知识性，下身趣味性。把晚报的副刊"繁花"等办得花团锦簇，大受读者欢迎。他在晚报上虽然时有诗文发表，但这一时期，他的作品集中刊登在香港《大公报》上，主要写了两个专栏，前有《唱江南》，后为《闲居集》，数量有六十万字之多，在海内外深受好评，也引起了周恩来的注意，生前曾两次对夏衍提起：唐大郎在香港发表的组诗"是有良心有才华的爱国主义诗篇"。

唐大郎于1980年7月20日病逝，夏衍对他有这样的评语："他的一生，是一个勤奋劳动、正直爱国的知识分子的一生。"可谓盖棺论定。8月2日，唐大郎追悼会在龙华火葬场大厅举行，治丧委员会由夏衍、赵超构、于伶、柯灵、陈虞孙、桑弧、吴祖光、费彝民等十八人组成。

唐大郎1908年9月18日出生在嘉定，今年正好是他诞生110年。

陆建德

奶　妈

1954年春节过后不久，母亲要临盆了，近十五足岁的大哥宜山跑到庆春街燕子弄口叫接生婆。当天我生在建德村甲种十二号楼上朝南房间。母亲生下我以后，奶水不足，请了一位奶妈。她叫吴小球，二十七八岁，义乌人。她来我家，在木板楼梯下搭了一个铺，属于她的空间非常有限，但有一扇朝北的小窗。奶妈不说杭州话，我一直到现在都叫她"Na Mo"，想必是在我学语的时候，她教过我一点义乌方言。奶妈如何哺育我，还是在长大之后听母亲说的。

等我三四岁有了记忆，奶妈已经离开我家，不过时间不长。以后，每逢春节她都来建德村拜年，还没走到我家门口，就叫"建德，建德"，声音里是满心的喜悦。她进门就会拉着我的手说："建德，我每年都要来看你，一直到你二十岁。"奶妈比我母亲略微高一点，偏瘦，总是穿得干干净净，稍长的脸上不仅有着劳动人民的好气色，还带几分妩媚。她每次来我家，除了带上家乡特产，比如掺有芝麻的番薯片，还会在刀茅巷口对面的糕饼店买一包枇杷梗。她说，那是我小时候特别喜爱的点心。

奶妈的住处离建德村不远，同在下城区潮鸣街道辖区之内，就在迴龙庙旁边，房子矮，地势低，台风季节，容易积水。她有一儿一女，儿子叫昌山，女儿叫素贞。昌山比我大七八岁，是我姐姐黄肉巷小学同学，在班里闷声不响，没跟姐姐说过一句话。素贞上不上学，姐姐答不上来。我经常在城河边观察小鱼小虾的游泳动作，有时看到昌山在钓鱼，他总是卷起裤腿站在水里，见到我就笑笑。现在我才明白，昌山一心钓深处的鱼，是念想着家里的荤菜。昌山和素贞大概在五十年代最后一两年离开杭州，回到义乌务农。

有一件事最让奶妈难过。一天奶妈接到通知，要她去潮鸣街道派出所，不许请假。母亲不在家，读高二的大哥宜山拉她去买皮鞋了，奶妈就抱着我去"开会"。派出所就在潮鸣寺巷巷口，靠近建国北路。那栋二层带阁楼的大房子砖木结构，是所谓的"敌产"。奶妈到了派出所，就跟着与她同一类别的人员走进楼中。她往我手里塞了一个石榴，让我独自在朝南的门廊上玩耍。门廊长约十三四米，高出花园地面半米多，只有中间一段有台阶与小花园相连。我一不当心，石榴掉落到门廊外的地上，我急着把它捡起来，不懂走台阶才是正道，一头往石榴扑过去，结果额头跌破，伤得不轻。奶妈听到我哭声就冲出来，见我满脸是血，有点慌乱，抱起我奔回家——那是一段通常要走二十分钟的路程。幼儿额头上多肉，路人看到破裂翻卷的伤口，还以为脑壳破裂后脑浆流出，都说这个"小伢儿"性命难保，大表同情，奶妈听了更是绝望。她赶回到建德村，母亲已经买了大哥的皮鞋在家休息，她丝毫没有责怪奶妈的意思，立即让奶妈抱着我一起去刀茅巷里的红十字会医院急救。医生给我缝了几针，平安无事。从此我靠近前额发际线的地方，添了一条疤痕。年岁渐长，原来有点凹凸的地方，居然变得平整了。这事发生在1956年春节（2月12日）

前几天,也是我近两周岁的时候。二哥湄江那天也在家里,目睹奶妈痛不欲生的情形。过了春节,湄江到南昌去读航空技校了。

奶妈救了我的命,我长大后她却一次次对我说,那次如果我活不下来,她就没脸做人了,只好去寻死,好像是我救了她的命。

潮鸣街道派出所那栋楼房还真和我有缘。1971年初到1973年春,我以"因病留城"的待业青年身份在那里整理、汇编"敌伪档案",临时工待遇,五毛钱一天。那段工作经历远胜当时能得到的所有正规教育,虽然至今未计入工龄,我还是心怀感激。想一想,没叫一声"芝麻开门",装满卷宗的宝库自行洞开——装订成册的审讯记录、零零散散的检举信和写了又写、永远写不完的回忆材料。但是在那段时期,我不会想到派出所二楼朝北档案室可能裹夹了奶妈半条命。

母亲也对奶妈失望过。我经常哭闹,母亲多了一个心眼,乘奶妈喂奶的时候,在旁边听着,发现我吮吸得很吃力,原来奶妈也是奶水不足。于是妈妈意识到,奶妈应聘时跟她说的话,不全是真实的。尴尬的场面出现了,她们之间的一问一答如何进行?妈妈后来对我说的无非是奶妈家太苦,不忍心换人,就让我再补吃一点牛奶。奶妈哺乳我的时间不长,断奶后妈妈没让她回家,留她做帮工,还不断送给她各种物品。这应该是我懂事后奶妈不断说我母亲良心好的原因。大哥1957年8月去合肥工业大学读书,奶妈就是在那段时间离开我家的,我已经三岁半了。

奶妈几经转折,进了位于拱宸区的红雷丝织厂当纺织工,还学了一点文化。为了上班方便,她搬到拱宸桥一带居住。对当时的杭州人而言,拱宸桥是个偏远的地方。大概在1974年或1975年的一个星期天,亦即我满二十足岁以后,我到延龄路胜利剧院门口搭上了一直往北的一路电车去看她。我家保存的奶妈手写住处是"红雷丝织厂旁",没有详细地址,好在并不难找,"吴小球"的名字还不是一问三不知的。奶妈住平房(那时杭州还没有棚户的概念),单间,单薄的木板上糊了花纸,门外放着煤炉。她看到是我,一脸的灿烂,喜气洋洋地带着我问候周围的邻居,然后跟我说定留下来吃饭就忙开了。那几间披屋大概属违章建筑,上不了门牌。我在1978年参加高考之前,拱宸桥地区就去过这么一次。原红雷丝织厂的厂址现在翻建为工艺美术展览馆,地处当今名声很大的拱宸桥桥西历史文化街区。下次回杭州,一定去参观。

九十年代头两年,我从北京回杭州探亲。有一天外出回建德村,哥哥临安告诉我,奶妈和女儿一起住在环城东路的庆春新村,她们来过,还留下了门牌号码。我转身就去看奶妈,开门的是奶妈的小女儿。她比我大几天,奶妈生下她的时候没有分文收入,不得已回义乌乡下把她送人。改革开放后女儿找到奶妈,恢复母女关系。她比哥哥姐姐能干,做了几年小生意就报进杭州户口,从房管所分到建于七十年代的庆春新村一个小套。再给她一些时日,她肯定会看中设施更好的商品房楼盘,更大的户型,续写新义乌人的成功故事。

房间里笑语盈盈,奶妈把我拉到一位坐着的老人身边,大声说:"这就是建德。"我突然意识到,这位有点耳背的和善长者是她的丈夫!

此前我从未见过他,也没有在任何时候想到他,说起他。我父母当年不可能对他一无所知,但他在我家确是一个掩埋起来的话题。就在我写这篇短文的时候,我仍然不能回答,凭我这点与年龄相称的理解力,为什么我会多年习惯性地忘记昌山、素贞是有父亲的。奶妈觉察到我的恍惚,用最快的速度告诉我一条好消息:她丈夫加入国民党军队,是在日本投降之前,按照新的政策,他就属于抗战老兵,非但领有一份工资,还能享受医疗待遇。

那天回家,我立即打听一切关于奶妈丈夫的消息。

原来他是国民党的下级军官,姓王(黄?),不知是在哪里被拉去当兵的。五十年代初期,第一波镇反运动之后,大约在1953年下半年,奶妈丈夫因历史反革命罪被捕,判了刑,当时奶妈已经怀上了第三个孩子。母亲在她生活最艰难的时候聘用了她,纯属偶然,奶妈就凭着那点微薄的工资养活了她的孩子。我则觉得我家是亏欠她的,雇佣一位哺乳期的妇女,侵害了她最基本的权利。奶妈喂养了我,自己的女儿就只好到乡下吃苦。回想起来,1956年我跌破头皮的那天,奶妈是作为"敌伪人员家属"去潮鸣派出所接受春节前安全训练的。她半途离开,必定得到了批准,日后还会补课。

庆春新村和建德村都已在世纪之交拆掉了,当时普通人家还没有电话和手机,从此之后我与奶妈失去了联系,所保存的,只有她在我记忆里的美丽笑容。奶妈不是什么女汉子,但是用海明威的话来说,她有着"压力下的风度"。

辑三

沈嘉禄

御穷一策，芋头为首

入秋以后，菜场里的芋艿就多起来了，堆在摊头下面，谁都可以踢它一脚。上海人在中秋节一定要吃芋艿老鸭汤，这几乎成了仪式。鸭子当然要吃公的，娄门麻鸭、昆山麻鸭、高邮白鸭，都是优良品种，但芋艿也不可马虎，要选用那种糯性足的红梗芋艿，一煮就酥，但又久煮不烂，颗粒圆润饱满的芋艿吸足了老鸭的汤汁，糯鲜软绵，没等你细嚼它就一下子蹿进食道，叫喉咙口一丝丝痛，一丝丝痒。还有糖芋艿，选用那种吃口韧结结的芋艿籽，一定要加红糖烧，若加白糖，风味尽失。

立冬以后，芋头才姗姗来迟，难道它的个头比芋艿大，非得端个架子？上海郊区基本不种芋艿，你问菜场里的老板，一般都宣称来自奉化或荔浦。

荔浦芋头产自广西桂林荔浦县，又名槟榔芋，让广西人自豪的是此物曾作为贡品入选皇家大典。当地人把它切成薄片，油炸至金黄色，一片芋头夹一片半熟的五花肉，码在大扣碗里入笼屉蒸透，覆出装盆，卤汁一浇上桌，就是所谓的"芋头扣肉"。五花肉不再油腻，芋头吸足了肉卤，粉嘟嘟的鲜香美味，是酒席上的熟面孔。多年前我在福州路大鸿运吃饭,席间有一道老鸭汤,来自广东的厨师将荔浦芋头切成麻将牌大小,油炸结皮后投入滚汤,久煮不烂,入口后有粉质感,味道极香。我在家试了几次,果然比上海人家传统一路的芋艿老鸭汤更具风味。而且很重要的一点是,下顿回锅煮至见沸,汤色仍能清澈见底,一点也不会混浊。后来这家大鸿运不知什么原因关张了。

前不久在汕头我还品尝过糕烧番薯芋,这是潮汕著名甜点。厨师把番薯、芋头按比例切成条,油炸后加糖熬煮收干。番薯和芋头表面仍有脆口,咬到里面香甜而有韧劲,粉质感相当诱人,值得一块接一块地吃。据说这道甜品也是相当考验厨艺的,做不到位就会趴在盘内。像我这种血糖高的人,在糕烧芋头面前就备受折磨了。

与荔浦芋头媲美的是奉化芋头,我甚至认为上海菜场里的芋头泰半来自近邻奉化。你还真不能小看它噢,宁波人早就给了奉化芋艿头尊崇地位,若问奉化有什么好玩的,当地人就会理直气壮回答你:"奉化有三头:蒋光头、和尚头、芋艿头。"蒋光头就是蒋介石,今天在特定场合有人也称他为蒋公;和尚头,特指雪窦寺的弥勒佛;芋艿头,就是大名鼎鼎的奉化芋艿头。当地旧谚:"走过三关六码头,吃过奉化芋艿头。"意为见多识广,还有一层意思便是风里雨里吃得起苦。不知道还有多少人记得日本有一部赚了不少中国人眼泪的电视连续剧《阿信》,阿信小时候去大城市里找妈妈,独自一人走在弯弯山道中,怀里揣着的干粮就是一枚大芋头。

二十五年前我参加上海作家协会在雪窦山的笔会,招待所离雪窦寺一箭之遥,饭后百步走,常去进香听钟,看到山门前有农民摆地摊,棉被裹着的草窠里塞满了芋艿头,揭开棉被,热气蒸腾。买上一个三四个人分食,边走边笑,倒也饶有野趣。

芋艿头也可以烤着吃。宋代林洪所著的《山家清供》里专有"土芝丹"条,大芋头称为"土芝丹","大者,裹以湿纸,用煮酒和酒糟涂其外,以糠皮火煨之。候香熟,取出,安地内,去皮温食。"小的称为"土栗","小者,曝干入瓮,候寒月,用稻草盦熟,色香如栗,……雅宜山舍拥炉之夜供。"用文火烤是有道理的,但裹以酒和酒糟就太讲究了。山里人吃野火饭,用柴火余烬烤一枚芋头,剥皮分食,味道想必是很好的。林洪还说了一个故事更有趣:唐代有一位大和尚,生性散懒,自号"懒残",有一次他正在用牛粪烤一枚芋头,有人来请他去吃饭,他懒得起身:"尚无情绪收寒涕,那得工夫伴俗人。"当时还有山人写诗称:"深夜一炉火,浑家团栾坐。煨得芋头熟,天子不如我。"穷人若要藐视富贵人家,也是很有气派的!

上个月再访雪窦寺,千年名刹雪窦寺扩大了数倍,山上又立了一尊弥勒佛坐像,金光四射,笑看脚下芸芸众生。山门外风景不变,两位大妈在售卖芋艿头,大板车旁端坐着一个炉子,像卖茶叶蛋那样边煮边卖,保证客人吃到热的。不过我看到游客买玉米、番薯、沙角菱的热情比买芋头的要高一些,可能他们认为芋头淡而无味,或者实在是过于庞大了。

作为一道旧时风景的延续,奉化芋艿头让我十分温暖。

不过奉化芋艿头的价值不止体现在旅游景点,它至今仍是上佳的食材。在上海的宁波风味饭店里,我吃过白煮芋艿头蘸虾酱,十足的宁波风味,有一种渔家的野性在里面。有一次还吃过芋艿头煨白菜心,味道不错,表达了朴素的美感,但仍以为怪,回家翻《随园食单》,发现袁枚早就记了一笔:"芋煨极烂,入白菜心,烹之,加酱水调和,家常菜之最佳者。惟白菜须新摘肥嫩者,色青则老,摘久则枯。"

袁枚所说的"酱水"是什么？我问过几位大厨，说法各异，我觉得可能是面酱或豆酱调和的卤汁，类似日本的酱汤，这才有些古意。上海人家常用芋艿炒矮脚青菜，也有异曲同工之妙。

作为清朝第一吃货的袁枚，惯于吃富商巨贾的白食，膏粱厚味塞了一肚皮，不过这位老同志有一点蛮好，草根食物从来不拒，笔下也常带三分感情。你看，他在《随园食单》里还专门有"芋羹"一条："芋性柔腻，入荤入素俱可。或切碎作鸭羹，或煨肉，或同豆腐加酱水煨。徐兆璜明府家，选小芋子，入嫩鸡煨汤，妙极！惜其制法未传。大抵只用作料，不用水。"

这个鸭羹什么味道？我没有吃过，今天的饭店也没有供应，想来一定是味道好极了。此次重访奉化，我倒是吃到了芋头羹，也算有口福了！

这道芋头羹是家常一路的风格，貌不惊人，一副要低到尘埃里的作派，执匙一尝，哦，居然有非常丰足的美感！做法也简单，芋艿头蒸熟捣碎，加棒骨汤（当地人俗称"敲骨浆"，用大棒骨敲碎后煮汤，使骨髓充分融入汤水）或猪油（含猪油渣），再加些酱油，煮沸至稍稍见稠，撒葱花即可。芋艿头捣得不可太烂，要留有骰子大小的颗粒，能让人品出那么一点粉质感，这样才显粗犷。酱油也不能多放，上色即可，否则难免有酱扑气。加骨头汤应是遵循古例，诚如随园老人所言："大抵只用作料，不用水"。

宁波的朋友告诉我：奉化种植芋艿头历史悠久，据《奉化县志》记载，在宋代已有种植，至今有七百余年历史，旧时它还有一个雅号："岷紫"。南宋监察御史、太学博士陈著是奉化三石人，他在《收芋偶成》一诗中这样写道："数窠岷紫破穷搜，珍重留为老齿馋。粒饭如拳饶地力,糁羹得手擅风流。"今天我们吃到的奉化芋艿头品种是明朝中叶由福建、台州一带来奉的"棚民"传入,经奉化芋农悉心改良培育而成,目前种植主要分布于萧王庙、溪口、大桥、西坞等乡镇,年产量达到六万吨。

在长江以南沿海及中南、西南地区,芋艿头自古以来是被当作重要粮食作物来种植的,《史记·货殖列传》里就有记载:"吾闻汶山之下沃野,下有蹲鸱,至死不饥。"刘一止的《非有类稿》里也提到:"南山有蹲鸱,春田多凫茈。何必泌之水,可以疗我饥。"所谓"蹲鸱",后世注其为芋,可见在汉代,四川等地便以芋艿头为食了。腹笥丰厚的西坡兄谓我:"蹲鸱"是一个熟典。芋艿头看上去极像一只蹲着的猫头鹰,故有此名。看来古人颇有幽默感。

后来我在某拍卖行的图录中看到明代画家邹之麟的一通信札:"偶有蹲鸱十五枚,是间江土产。奉客中煨啖,佐以家制盐豉二瓿。天颇作寒,何以消遣。稍和图晒也。云间芑者,逸麟顿首。"三五知己围坐火炉煨芋头吃,天寒地冻,纸窗瓦屋,当是一幅其乐融融的画面。

奉化芋艿头不仅是一种饶有乡味的食材,在灾荒袭来之际,它也帮助饥民渡过难关。旧时农家煮饭,勤俭的主妇也会切一只芋艿头放在饭上面,饭焖透,芋头也熟了,以补主食不足。文震亨在《长物志》里对此物感激涕零:"御穷一策,芋头为首"。

对了,袁枚在《随园食单》里还透露了一则秘辛:"十月天晴时,取芋子、芋头,晒至极干,放草中,勿使冻伤。春间煮食,有自然之甘。俗人不知。"

我想这不仅是为了品尝美味,还为了教人防饥。在我小时候,妈妈会趁菜场里芋艿大批到货而价格便宜时多买一篮存着,挂在屋檐下让西北风吹,一直存到春节还不会烂掉,仔细刨皮,切片后与霜打过的矮脚青菜共炒,一定要放那种黄澄澄的初榨菜油,味道绝对好!

又想起我家邻居老宁波,八级技工,嗜酒如命,每天晚上要抿一盅,下酒菜中就出现过油炸芋丝。他老婆是这样操作的:奉化芋艿头切成两寸长、毛竹筷那般细,油炸至脆,或有些麻花状,表面有类似大理石般的美丽花纹,撒上细盐,下酒一流。如果那天发薪,他老婆就再添一碟苔条花生米,逢年过节,再添一碟清风鳗鲞或血血红的摇蚶。你看那老宁波,筷头吮吮,摇头晃脑地哼起了宁波滩簧!

今天我就叫太太买了一个大大的奉化芋艿头,花两个小时做了一锅芋头羹。用棒骨和鸡爪吊汤做底子,加猪油(猪油渣一起加入)和虾子酱油,味道自然好!

詹宏志

白煮猪脚

上个世纪七十年代末、八十年代初,我还在报社工作的时候,台北城中区一带是我们经常活动的地方。不用说,武昌街的"明星咖啡馆"是我常去盘桓的地方,你会遇见黄春明、段彩华在那里写稿,也会遇见各形各色知名艺文人士在那里高谈阔论,下楼走出门,你就看见周梦蝶坐在他的书摊上闭目养神。"书街"重庆南路更是我总爱信步前去的目的地,不,即使没有目的,我也会不由自主地飘然前往,或者有意识地找一本书,或者根本是无意识地闲逛,总有一些书会挺身而出,自己向我揭露它们的存在。

逛着逛着,感到饥饿了怎么办?城中也有许多物美价廉的常民美食,我当然有时候会去明星咖啡馆隔壁的"排骨大王",那酱油腌制不裹粉的江浙式酥炸排骨如今仍很令人怀念。有时候我还会去武昌街上一家连店名招牌都没有的小店,它不是没有招牌,外头其实有一个黄色小灯箱写着"咖喱饭"三个大字,但里里外外都没有标示店名,有时朋友相邀少了可以指涉的店名很不方便,我的同事老友兼翻译家景翔就把它叫做"龙门客栈",因为它有着古色古香的木制卡式座位;后来我和别的圈子的朋友谈起这家店,没有人知道它叫龙门客栈,可见这个名称只通用于我们很小的一个圈子(店名叫做"龙门客栈"的,在台北另有其人;而从前台大法学院也有一家被学生昵称为"龙门客栈"的露天面店,它的正式名称其实叫做"山东饺子馆",斯文的横幅招牌还是台静农先生的题字呢)。

走进这家写着"咖喱饭"的无名餐厅,其实也找不到一道菜叫做"咖喱饭",店内的墙上贴着一张纸写了另样名字:"咖喱膏",点了咖喱膏,你会如愿得到一小饭碗的黄色咖喱酱,是那种颜色鲜艳(应该是大量姜黄)、充满洋葱甜味和香料香气的勾芡咖喱酱(并没有鸡肉或马铃薯),如果你舀几匙浇在你的白饭上,你的确会得到色香味俱全的"咖喱饭",不过那还必须自己动手组合才行。但在这家餐厅,真正吸引我们走进来的,是一些现成冷切以及各种台式快炒,特别令人怀念的是它的"腿库肉切盘"和大火快炒的"葱蛋"。

卤制的腿库肉放在木柜里,红光油亮,结实饱满,看起来就十分诱人,向店家注文之后,厨师从木柜中取出,大刀快切几片,每片都有巴掌大,淋上浓稠酱油膏,随即端上;而"葱蛋"的做法,则见大厨打四个鸡蛋进大碗里,用筷子快速搅拌,打进大量空气至起泡,再加入大量葱花,然后起热油锅,用大火把蛋液注入锅中,蛋汁立刻膨胀起来,厨师把锅子拿起来对着炉火旋转,让蛋液保持流动,不到一分钟,厨师轻巧地把锅中的葱蛋滑倒进盘中,一样淋上一瓢酱油膏,热腾腾地上桌。

"葱蛋"的做法有时会让我这离乡的年轻人想起母亲,因为我妈妈的葱蛋和这店家是同一个路数,口感轻滑松化,充满空气,大火油锅的镬气带来一股蛋香与葱味的撞击融合,从前这是家常菜小餐厅常见的菜色,但最近二十年我已经很少遇见这样的"葱蛋"了。

腿库也有特别之处,因为它并不是煮成烂熟入味、油光软滑的蹄髈模样，而是带一点硬脆口感，咬起来扎扎实实感觉到猪皮的韧性和腿肉的紧实弹性，虽然有卤制的香气，但味道颇为清淡，完全依靠那一瓢酱油膏的咸甜触发丰富滋味。

事实上，在我有限的觅食经验里，猪脚与蹄髈向来都有硬、软两派。有的煮法强调软熟入味，举筷可断，像客家料理的"笋干蹄髈"，或者台湾式的"红烧猪脚"；但我刚才提到的无名小店的腿库却是坚脆口感，又或者出名的"万峦猪脚"也是以脆弹口感为特色。即使是西方人闻名于世的"德国猪脚"，亦有爽脆与烂熟两种口感，大体上水煮的猪脚强调软熟，而火烤的猪脚则以焦脆为尚。

绕了一大圈讲这么多故事，其实我真正要说的是，我们家宴客时席上的一道料理"白煮猪脚"。这道菜的来历，根据我太太王宣一在她《国宴与家宴》书中的说法："母亲做蹄髈用红烧，炖猪脚却爱白煮，我不知道这是属于哪一种菜系。母亲说那是父亲家乡乡下农地收割时的煮法，犒赏工人劳动的辛苦，就像是梁山泊的大块吃肉大碗喝酒。我忘了问他们是配绍兴酒还是白干什么的……"

如果照这个说法，"白煮猪脚"是江浙地区的一个农村菜，特别是秋收时节送到农地慰劳农工的粗犷美食，做法上倒是"直球对决"，非常简单。选择好的猪脚、猪蹄与后腿肉，先用滚水烫过，再细细用钳子拔去细毛（我岳母做工很细，不能忍受肉贩只用喷枪烧去表面的猪毛却留了毛根在肉里）；把切大块的腿肉和猪脚混合在锅中用冷水盖过，再加入米酒和不切段的葱白（我后来自己实做的经验，葱白的数量不可太少），煮到猪肉熟透但还没及于熟烂的地步，保留猪脚和腿肉的脆弹口感，上桌时沾点辣椒酱油来吃（辣椒应该是宣一后来加入的，我岳母不可能用辣椒的）。

这道菜是素朴的猪肉料理，充满胶质与葱酒香气，颜色纯白，汤汁醇美，放凉之后，汤汁会结成透明果冻，我们后来也经常冷藏结冻后，当凉菜头盘来吃。猪蹄脆爽，腿肉紧实，而其间的皮冻更是香甜黏口，虽然说它是送往田畴间的农民劳动粗食，在我岳母的巧手调制之下，却也精细雅致，这可以想见昔日江南鱼米之乡的富庶与发达的饮食文化。

不过我说的江南传统，指的是我岳母的热菜版本，宣一把它改成冷食的前菜之后，反倒有点神似"京都料理"的优雅细致，颜色洁白，看似不食人间烟火，但结冻的汤汁醇美芳香，滋味层次多重，和我们在台湾习见的咸甜丰腴的"红烧猪脚"截然不同，同样食材能做出风格如此不同的料理，真是令人觉得惊奇。

宣一离开之后，我学做山寨版的"宣一宴"，一开始想的当然是她比较为朋友熟知的"红烧牛肉"；但很快的我就想到这些反映江浙菜风雅性格的菜色，我试着按照她书中所述的步骤来做，发现真如她所说："煮法相当简单。"而且把猪脚和猪腿肉炖煮到爽脆的时间并不长，通常只要五十分钟到一小时，我的体会是葱段要充足。我在市场买来一大把宜兰三星葱，把葱绿部分切成葱花做其他用途，而将整把葱的葱白部分不切开全部放入汤中与猪肉同煮，猪肉熟透后，我再把长葱段全部捞起弃去，让葱味藏于其中却不见葱影，汤汁鲜白，仿若无物，吃的时候才感觉到细致的葱香与酒香。

做好之后，请朋友来试，一位女性友人说，"这猪脚味道好高雅，不像出自男性厨师之手。"如果这话是指它的怀石料理似的精细雅致，我就很高兴当作是一个恭维了，但想不到这道菜的出身，竟是田野间的劳动粗食呢。

张宪光

食 粥 记

  故乡的家常食物，除了咸菜之外，多以本色为主。葱、姜、蒜、辣椒、花椒等辛辣之物，自然是必备的，却不是菜肴的主调。牛羊肉的做法如此，各类面食也是如此。关于煎饼和羊肉，我在之前略略说过一些，这里且说说粥吧。

  味蕾如方言，保留了一个人地域的印记，以及代际印记。我这一辈人多是在"咸"中长大的，小时候最常吃的是各种各样的咸菜。在我的印象里，四十年前的农村似乎家家都是咸菜加稀饭，端着一碗稀饭，夹上两筷子菜，边吃边唠。稀饭的式样不多，咸菜的品种不少。大嫂会腌制各种各样的咸菜，雪里蕻、萝卜干、丕蓝、韭菜花等等，味道很不错，却不如山里腌得好。我的老家在沂蒙山区的一个小山村里，大嫂的娘家也在那块附近，老家来人，总是带来饱满的花生，带着白霜儿的柿饼，以及栗子、核桃之类的山货，也带来一些咸菜和韭菜花。记得有一种老咸菜，腌得黑乎乎的，煮过以后，切成薄片，就粥吃，滋味尤为绵长。大嫂说，那种老咸菜是用腊疙瘩——即芜菁——腌制，腌得时间长，用盐重，且要用腌咸菜的汤汁来煮透，味道方佳。老家带来的韭菜花，也是最美味的，有的是单纯的韭菜花的味道，有的则加进重重的辣椒，总是将韭菜花磨得细细的，黏稠润泽，辛辣可口。很多年过去了，再也没吃过这么好的韭菜花，而那墨绿或金黄的色泽依然在眼前。粥白，咸菜黑，韭菜花黄，翠绿梧桐浓浓的树荫，以及蝉声，组成了小学时代食粥的记忆。

  咸菜吃得多，因为肉菜匮乏。粥，也多是稀粥，虽不至于"浩浩乎白米浑汤，水光接天"，也是以水取胜。烧一大锅水，水开了，下上些玉米面或白面，就是一锅粥，鲁南称之为"糊涂"。有人写作"糊饳"，不知何所据。古人多为粒食，以米麦细屑作粥实为饮食方法上的一大进步。到了宋代，就已经有了小米粥、绿豆粥、玉米粥、红薯粥等种种详细名目。小米粥四季皆宜，记得中学以及大学的食堂里每天都有，用那种次一等的小米，大火滚熬，很烂，味道不敢恭维。记忆中还是老家的小米好喝，都生长在山间隙地上，饱满充实，醇厚有味。此外，金乡县出产一种贡米，产量有限，煮粥极佳。

  诸种粥皆以当令为好，绿豆粥宜夏，玉米粥宜秋，地瓜粥宜冬。至今思来，冬天的地瓜干粥是最令我念念不忘的，就像郑板桥说的，"煮糊涂粥，双手捧碗，缩颈而啜之，霜晨雪早，得此周身俱暖"。每到秋天地瓜收获的时节，整个田野都是繁忙的农人，老人孩子齐上阵，将地瓜按大小分成堆，清洗后用一种有利刃的工具擦成地瓜片，然后一片片晒在野地里。晒干了，将它们收回家里，就是过冬的主粮。地瓜干可以打面，酿酒，烙成煎饼，也可以煮粥。煮粥时，先将地瓜干掰成小块，再加进些黄豆、小豆、豇豆、花生或者其他配料，置火炉上猛烧。等锅开了，再小火烧一段时间，待到将豆子煮烂，下上面粉就好了。三十多年前，地瓜干是一种重要的食物，地瓜煎饼一度是许多人的主要食粮，现在似乎不经见了。地瓜干粥也久已没有吃过，那清淡的滋味甚至变得丰腴起来，让人念想不已。我想，那一定是记忆这个魔法师在作怪。

除了地瓜干粥，豆扁粥亦简单而有余味。做豆扁粥，先将黄豆洗净晾干，然后用杵臼捶扁——这是我常常要干的事；村子里还有碾的时候，放在磨盘下面滚一滚，效果最好。豆扁做好后，放进烧开的锅里煮个几分钟，下上面，豆扁粥便做好了。也可以加入粳米或碾碎的小麦合煮，自是另一种风味。桂馥《札朴》所记鲁地乡里旧闻，说将大麦和豆煮称之为麦饭，供晡食，小麦屑和豆煮称之为麦粥，供朝食，则豆扁粥或即麦粥。《世说新语》记载石崇与王恺斗富，王恺每每不及，令其感到扼腕的三桩事中两桩与食物有关：一是石崇家的豆粥"咄嗟便办"，一是石崇家的韭菜花到了冬天还供应如恒。没想到我们小时候用来果腹的豆粥与韭菜花，古时曾是富豪权贵们桌上的"奢侈品"。不过石崇家的豆粥，究竟是黄豆粥，还是红豆粥，不好说。苏东坡《豆粥》诗云："地碓春秔光似玉，沙瓶煮豆软如酥。"指的似是红豆粳米粥，至于"又不见金谷敲冰草木春，帐下烹煎皆美人"两句，则属于对富豪之家煮粥的诗意想象了。桂馥还提到寒粥，即炒面，生吃噎人，亦有人嗜之。高中就读县城时，有些同学就带着炒面来上学，用开水冲泡以佐饭。

鲁南一带，"粥"特指一种食物，系用小米面、黄豆面等混合熬成的糊状物，莹白如玉，入口醇香软适，城镇及集市上皆有售；亦称"白粥"，但与江南的白米粥不是一回事。我有一个小学同学，家里就烧这种粥，半夜即起，烧上三四缸，在镇子中心的四岔路口卖。据我这位同学的家里人讲，小米、大豆的比例一般是三比一，倘是五比二，风味则更佳，若是对半开，则最佳。这种粥在山东以外的地方不多见，烧的时候先将豆汁烧开,然后加入过滤的小米水,搅拌即成。这个过程说起来容易,其实是个技术活儿,火候要掌握得好,没有糊味,好的粥喝完不粘碗。寒冬大雪天气,家里来了客人,早上会用保温的容器到街上打粥,香喷喷的,热乎乎的,再配上油条、菜包、肉包,以示尊重。与粥同时叫卖的,还有一种"辣汤",以面筋、海带、豆腐等为原料,用胡椒、水淀粉烹制,味道鲜辣爽滑,也是一种常见而有特色的食物。"粥"清淡,"辣汤"浓烈,各有其长。

说到美食,有一种似粥非粥的"糁"很值得一提。"糁"字俗读作"sá",据说来源甚古。《礼记·内则》云:"糁:取牛、羊、豕之肉,三如一,小切之,与稻米(稻米二,肉一)合以为饵,煎之。"这里的标点是我妄加的,也许更贴近文字的本意吧。直到现在,临沂、济宁一带糁汤的做法与之相似。糁的底汤要用老汤,肉都是很小的碎丁,有鸡糁、羊糁、牛糁之别。在济宁工作的时候,多次去小摊品尝过鸡糁,往往是先打个鸡蛋在碗里,用舀子舀出滚沸的糁汤冲泡,佐以饼饵,味道鲜美。临沂糁汤极有特色,羊糁尤佳,似更胜一筹。

粥品中地位比较重要的,当属"腊八粥"。每年腊八时,大嫂也会煮上一大锅粥,加入红枣、粳米、玉米糁以及各种豆子,比平时的粥烧得厚而稠。震钧《天咫偶闻》说:"都门风土,例于腊八日,人家杂诸豆米为粥。其果实如榛、栗、菱、芡之类,矜奇斗胜,有多至数十种,皆渍染朱碧色,糖霜亦如之,饤饾盘内。"唐鲁孙回忆腊八的散文,也特别说到北京腊八粥的考究以及粥果的多样。农村俭素,没有什么粥果,但仍是一件饶有兴味的事。

粥以清淡为上,"莫言淡泊少滋味,淡泊之中滋味长",寒素之家离不了,而"都邑豪贵人会饮",也常常要继之以粥。白粥有白粥的好,清淡养生,不过也没必要贬低"咸粥""荤粥"。这就好比不同的诗风,你固然可以推崇陶潜的平淡自然,但是李白、李贺的雄奇瑰丽也自有其妙处。这几年沪上颇为流行广东粥,"潮粥府""潮汕海鲜砂锅粥"之类的招牌随处可见。粤菜精致,尤擅于煲汤,不过对习惯了清粥的北方人来说,广东粥的重口味往往不太好接受。但如果有兴趣,多去尝试几次,我相信你也会被它迷住。瘦肉粥调和荤素,海鲜砂锅粥包容海错陆珍,味道有些层次复杂,境界有些不同的。前段时间出差一次,吃了一顿虾滑粥,真是美味极了,至今还觉着齿颊留香。

古人诗云:"侵寻老境筋力异,宿昔百嗜今一无。"我还没老到那个地步,可是也渐渐尝到了一点老、病的滋味,饮酒食肉稍微过量,肠胃便要闹意见,故而食粥的时候越来越多了。写这篇文章的时候,我在山中小住。冬至那天晚上,迎着微寒的山风,到翁家山一家酒馆小酌,叫了一个羊肉锅仔,半斤太雕,桌边是店家那条将脖子放在我腿上的黄狗。微醺之后,走在满觉陇路的下坡上,幽篁寂寂,星子满天,树木苍然。恰巧大哥大嫂打来电话,说起以前老家过冬至的情景。那时总是要买上一段羊腿,用铁锅炖,煮上一锅羊汤,或者买只老母鸡,用钢精锅炖,把羊肉、鸡肉细细地拆了,每人分一碗,傍炉饮酒说话。那时候,饱餐羊肉,品享鸡汤,不是常有的事,食粥更日常而亲切。山上清静,精致的餐馆也有几家,只是没有粥铺,于是便想下山去,回家煲上一锅红糯米粥——因为地瓜干粥毕竟难得了。

郑培凯

秃黄油饭

最近有朋友到日本旅游,在酒店中看电视,居然刚好看到我出现在日文版的《舌尖上的中国》,影片显示我在苏州享受文人宴的精致美食。他看得口馋,不禁对着电视拍了照,把图片发给我,问我除了金齑玉脍、云林蒸鹅之外,还吃了什么穷奢极侈的美食。我想了一下,回复他说,有的,有一道秃黄油饭,影片没播出。

这道秃黄油饭,不是一般的黄油(牛油)拌饭,而是精制的蟹膏蟹黄拌饭。为什么叫作"秃黄油"呢?苏州人说,当地吴语方言的"秃"字,发音近似"忒"(tei),是"只有"或"独有"的意思,也就是只取秋蟹的蟹膏与蟹黄,不用蟹肉的部分,跟普通掺了蟹肉的"蟹粉"不同,而是选材独特,吃蟹吃到了钻石级的至味。大闸蟹黄满膏肥的深秋时节,取出雌蟹的黄,和雄蟹的白膏,使用鹅油或肥猪膘油,加葱姜爆香,以黄酒焖透,高汤调味,就成了秃黄油。浇在饭上,拌一拌,其味浓郁芳香,是一道无可比拟的美味。有的做法,还加点紫苏末去腥,撒点糖提味,则是为了符合苏州人偏甜的口感。

秃黄油制作起来很挑剔,是个极其讲究的细致活,价钱当然不便宜。前两年有家苏州老店恢复了秃黄油面,一碗要价两百人民币,虽然比枫镇大肉面贵上十倍不止，却也有其物以稀为贵的道理。从明清一直到民国时期，秃黄油是钟鸣鼎食之家的珍馐，有私家厨师侍候大户人家的尊口。一般老百姓大概不会异想天开，费那么大的劲，像绣花一样，七挑八弄，自己去调制一碗秃黄油的。

有人说，秃黄油最早起源于青楼，是才艺过人的妓女通过厨艺的巧手，讨好恩客的伎俩。这个说法固然可能，但也不能说得太绝对，不能说没有青楼妓院，就没有秃黄油这么一道美味。苏州人手巧，并不只限于青楼女子，读读《浮生六记》就知道，像芸娘那样体贴温柔的妻子，到了菊黄蟹肥之时，也可能为丈夫调制一碗秃黄油饭的。一定要强调青楼对烹饪的决定性影响，没有青楼就反映不出"食色性也"的必然关联性，也未免想入非非。一吃美食，就想到床笫之间的美女，一吃秃黄油，就想到"滑润温腻的金黄蟹脂，渗透进柔软芬芳的白米饭中，相交相融"（某位食家的观察），也是满脑子阴阳交泰的人跳不出的思维脉络。

苏州美食与当地的文娱游乐风气有关，美食珍馐配合歌女舞姬，倒是历来如此。苏州紧邻太湖，是鱼米之乡，有各种水产河鲜，产生了著名的画舫船菜。明清以来，从苏州阊门外到虎丘的七里山塘，就是士大夫文人享受高级画舫船菜的所在，倚红偎翠，诗酒风流。清朝嘉庆年间的《吴门画舫录》是如此记载的："吴门为东南一大都会，俗尚豪华，宾游络绎。宴客者多买棹虎丘，画舫笙歌，四时不绝。垂杨曲巷，绮阁深藏。银烛留髡，金觞劝客，遂得经过赵李，省识东风，或赏其色艺，或记彼新闻，或伤翠黛之漂沦，或作浪游之冰鉴。"这里讲的"经过赵李"，就是余怀《板桥杂记·雅游》说的："宗室王孙，翩翩裘马，以及乌衣子弟，湖海宾游，靡不挟弹吹箫，经过赵李。每开筵宴,则传呼乐籍。"现代年轻人搞不懂"赵李"何所指,因为想入非非的脉络与古人不同,召妓饮宴的方式也大异其趣,不会联想到历史上魅惑皇帝的赵飞燕与李夫人。其实,明清时代的文人雅士有时也很无聊的,不论是在秦淮河上或是七里山塘,他们津津乐道的,不过就是在酣酒笙歌之中,围绕着珠翠粉黛,享受美好的生活乐趣,当然少不了名厨的手艺。

画舫船菜与精致的秃黄油有关吗?有的。现存的《王四寿船菜单》,列出旧日船菜佳肴,其中正菜三十道,有一道"遍地黄金",就是独秃油亮的蟹黄。

陈思呈

带雨的韭，承露的薤

那天阿姨买了一把葱模样的东西回来，考我：这是什么？我心想，要么是葱，要么是蒜，要么是韦菜，但倘若答案如此简单，必然不值一考。只好含笑不语，望向阿姨，让她把提问变成设问。她说，这是藠头，又称"力茄"。

力茄我是吃过的，吾乡喜欢把它做成类似甜蒜之类的小吃，也就是说，仅吃它的头部，鳞茎部位。所以我也只见过它的头部。带叶的是第一次见，果然跟蒜有几分像，难怪吾乡乡谚说"吃力茄吐蒜"。

其实它还有一个名字叫薤，汉代的挽歌"薤上露，何易晞，露晞明朝更复落，人死一去何时归"。"薤露行"成为乐府曲调名，被广为人知是因为曹操父子都写过。

这几年来念力大长，想看啥果然能看啥。才在厨房里见过带叶的薤，很快又在乡下看到了地里生长的薤。看到地里的薤，才知道为什么薤上露会让人悲伤。薤在地里的模样，真是一副放弃的姿态。东倒西歪，乱七八糟，全部脸朝地趴泥上。有的农民用芒箕勉强让它们稍立起来。薤啊，真是一种颓废的农作物，跟韭菜的整齐和葱蒜的挺拔完全不能比拟。

仔细看它的叶子,跟葱蒜韭等等,也确是不同。葱是圆柱形,蒜和韭菜都扁而宽,而薤头的叶子,却是扁而窄。如此瘦长的叶子,确难挂得住露珠,难怪说薤上的露水"何易晞"。然而我想,薤上露之所以会被用以作喻,还是因为薤在地里"彻底放撇了"的气质,心情不好的时候,看了都有厌世之感,况露水乎。

关于薤,出现在诗句里,并不只是"薤露行"这一类哀歌。它在诗歌里有另一种面貌,家常,温馨,甚至欢乐,很巧很巧的是,那些诗歌,写的多数是邻里关系。

唐诗里写邻里友好的并不少,杜甫就对邻里关系情有独钟。这一首,他写到了邻居送来的薤:

隐者柴门内,畦蔬绕舍秋。
盈筐承露薤,不待致书求。
束比青刍色,圆齐玉箸头。
衰年关鬲冷,味暖并无忧。

记得杜甫总在诗歌里写,邻居送他各种物资,一会儿是什么树苗了,一会儿是什么瓷碗了,感觉到杜甫的所有邻居,都对他有极大的善意,同时,又对他的生活能力和经济能力以及身体状况极大的不放心,并都以这不放心和这善意,在齐心协力地为中国文学保留火种。

这一次,邻居送来的是薤。满满一筐,还带着露水,叶子是绿色的,而可食用的鳞茎部位洁白如玉箸头,显然,这位体贴的邻居在送来食物之前,必定还细心地洗去了泥土。

另外一首写到薤的唐诗,也有极亲切的邻里关系:

> 僻巷邻家少,茅檐喜并居。
> 蒸梨常共灶,浇薤亦同渠。
> 传屐朝寻药,分灯夜读书。
> 虽然在城市,还得似樵渔。

这一首作者是于鹄。想必只有乡村生活经验丰富的人,才能读出这首诗里的难得之处,"蒸梨常共灶"并不难,"浇薤亦同渠"可是很多争吵的起源,然而他们,始终能够"喜并居",可见这是经得起考验的阶级情谊。而我注意到的是后面两句,"朝寻药"和"夜读书",这说明,不仅是身体和物质,他们的精神世界也能互相滋养,这样的邻居,算是至交了。

贯休则直接描摹了邻居一个老头:

> 常思东溪庞眉翁,是非不解两颊红。
> 桔槔打水声嘎嘎,紫芋白薤肥濛濛。
> 鸥鸭静游深竹里,儿孙多在好花中。
> 千门万户皆车马,谁爱如斯太古风。

"是非不解两颊红"已让人钦羡,"千门万户皆车马"这一句,则可谓豪情。而我想象紫色的芋和白色的薤,在这里,仿佛是老翁丰裕的精神状态的具象。

是因为薤的样子和韭太像,所以,说完了薤,也想说一说与韭菜有关的句子和故事。这两者在《黄帝内经》里,并称为五菜之一。"五谷五菜"的五菜:葵,韭,藿,薤,葱。

写到韭菜的诗浩如烟海,最为感怀的是那首《赠卫八处士》。在微信时代,我们很少有"人生不相见,动如参与商"的机会了,但这好几年的同学会,也常常用得上这样的感慨:少壮能几时,鬓发各已苍。昔别君未婚,儿女忽成行。

然而杜甫这首诗,最让人动容的,并不仅仅是久别重逢的温暖。

二十年前,我参加过一次人类学系的短期活动,把吾乡乡下某村庄作为田野考察点,住了一个月。那时我还是个学生。毕业后卷入恋爱结婚生子以及家母病故的人生洪流,匆促不问前尘。前年春天,突然想到那个村子,莫名地想再去一次,尽管也没想明白,去了要干什么。

总之就去了。仍住当年寄住的大叔大婶家,故人相见,倒也说不上多激动,只是反复地确认着,村子里哪一个老人哪一年去世了,真的果然是"访旧半为鬼"了。

那也是晚上,大婶在地里摘了芹菜,煮了两碗粥,吾乡有吃夜粥的习惯,在待客之道里,一碗夜粥,也象征着柔情的体贴。

夜雨剪春韭,新炊间黄粱。
主称会面难,一举累十觞。
十觞亦不醉,感子故意长。

我住了两个礼拜,尽管无所事事也不想太快离开,因为感到了浩大的依恋。一般而言,乡村的发展比城里大概慢了十年,所以在村子里,保留了很多我童年的记忆。村子里的女人们忙碌的很多日常事务,就是多年以前,我祖母和母亲每天的生活内容。

这些是在城里很少见到的情景和气氛。吾乡那些奇妙的风物,在日新月异的城市生活中被淘汰、被更换;那些落伍的风俗被简化,热闹而亲密的大家族生活被分解。在城里,已经很难体会到儿时有序而繁茂的生活细节,而在乡村,它们,重现了。

所以,在夜晚,当主人用一碗夜粥招待我,虽然不是春韭,但粥的蒸汽与当年杜甫那碗黄粱的蒸汽,大概是同一种蒸汽。浮现在我眼前的,是几十年如幻影般的前尘往事。在《赠卫八处士》中,杜甫感怀的是"明日隔山岳,世事两茫茫"。他们处于"见面难"的古代,而我在通讯发达的现代,也感到了同一种离散,尘世间无所不在的离散。

时光洪流下谁都逃不过的离散。

这样的两个夜晚是相似的,为这样的夜晚,我也写下我的诗句,这就是我全力以赴的人间:

> 这些年来少有过的温馨夜晚。
> 邻居过来诉说猪圈的修缮
> 及其暧昧的所有权。
> 她们从猪圈讲到柑树虫害
> 再讲到遭遇的不公
> 最后落实到对命运的安顺,
> 她们迟迟不愿离席,
> 这流连让我满喉泪意。
> 我知道这人间亲切热闹
> 我们以前的时光都是虚度。
> 可是这样的时刻我拿它何用?
> 在我心里巨大的爱,
> 像骆驼穿过了针眼。

王　瑢

蘑菇绘

　　蘑菇这东西，全国各地都有，云南尤甚，简直铺天盖地。最肥厚当属牛肝菌——随便走进家小馆，门口立块牌——"招牌牛肝菌炖牛肉"。绝配。夹一筷子闭眼嚼，还真难分清到底哪块是牛肉，哪块牛肝菌。但我心中始终有疑惑，为啥一定要牛肉？猪羊鸡鸭不行？有种叫"竹笙"的菌，本身没什么味道，样子像把小小的伞。这东西很神奇，无论跟什么一起烧，出来就是什么的味道。说到味道，我最爱"鸡枞"。记得父亲有次出差去北京，在大栅栏附近的云南副食品商店买了一瓶"油浸鸡枞"玻璃罐头。奶奶刚蒸出一屉馒头，他进门四六不顾，就手拿过一个，中间掰开，夹一筷子鸡枞。上海人说，鲜得掉眉毛！

　　想起多年前登五台山，吃斋饭"台蘑南瓜粥"。软烂糯滑，甜咸适宜，余香醇厚，简直喝得停不住口。蘑菇还能煮粥？闲时四处瞎逛，见膳堂前院后屋，晾晒一匾一匾的黄花菜与蘑菇，那匾比市面上卖的大许多。这些花菜与菌类，是僧人每日凌晨上山采得，与菜场所售天渊有别。记得有一道"肉蒸饺"，当然不是肉——只取蘑菇的梗，仔细剁碎，加一点酥油，拌拌就得。馅足皮薄，咬一口，齿颊留香，印象很深。我后来在家曾尝试着做,怎么都不对,根本不是那味儿。出家人不吃荤,却能把素菜做出肉味,用料首选便是蘑菇。想想真神奇,这东西一下雨就探出脑袋,说不准在什么地方等着呢。我见到过房梁上长蘑菇。

　　要说到吃,并非什么蘑菇都可食用。蘑菇的神奇还在于,晒干后吃要比现采现摘美味。鲜蘑菇看上去嫩,怎么烧都不入味,更谈不上醇厚。香菇或东北榛子蘑如此,似乎口蘑也这样?东北有一种叫"红蘑"的,颜色红彤彤,晒干后红色稍暗。这种蘑菇卖相好,口感也厚,但你凑近了闻闻,心中稍感失落。没味儿!东北人比较看重红蘑,因其只可野生采集而不能人工养殖?有朋自远方来,必不可缺整一盘猪肉炖红蘑,色香味俱佳。但我更喜欢榛子蘑。自己在家试着买只鸡来炖炖,满屋喷喷香。街头随便哪家"东北风味"餐馆,这道菜永远不会沽清。榛蘑价廉物美,更有烟火气息,比起色彩鲜艳的红蘑,一端上桌,满眼热烈妖娆,有种"出卖色相"之疑。

　　"台蘑"只产于山西省五台山区,又称"天花菜"。这里的蘑菇与河北张家口的口蘑一样,有规则地生长于草丛圈道。明圈分布于草丛茂盛之处,暗圈则隐秘于草丛深处,须采集经验老到者方能分辨得出。每年从立秋到白露,是台蘑生长采集的繁茂季节。闲时翻看吴瑞的《日用本草》——"天花菜出自山西五台山,形如松花,香气如蕈,白色,食之甚美。"一场大雨过后,空气湿爽,它们丛生簇长,顶了一只一只小伞,远远望去,白生生大片大片,深呼吸一口,空气中有种奇特的清鲜味。香到何种程度?语屈词穷!台蘑晒干便不再白,成了淡黄色,与其他蘑菇不同,无论干鲜,烧菜都别具风味,用我奶奶的话说,"一家喝汤,十家闻香。"有过之而无不及。据说福建大红菇,戈壁滩上阿魏蘑,味道无出其右。我没吃过,找机会一定尝尝。

想起有年上芦芽山。进山前天空偶有几片雪花飘,我们只顾说笑,走到半路忽觉脚底直打滑。雪花渐猛,人人头顶白帽,无奈只好停下。同行人中有一位来自宁武县,我们去他家躲避风雪,初尝到久负盛名的"芦芽山银盘蘑"——与常见蘑菇不同,只生长在宁武县芦芽山草丛圈道上。立刻想到傅山在《芦芽白银盘》中那句"芦芽秋雨白银盘,香蕈天花腻齿寒"。银盘蘑每年采摘的最佳时段,也是立秋至白露。若恰逢落雨,则雨后数日内尤宜抢摘。这种蘑菇,从根部到顶冠,通体均匀乳白色,晒干后微微泛黄,吃口肥厚,当地人说"肉筋筋的"。宴席之上烧汤或烹煮大菜,色香味浓,油性十足。若同大鱼大肉为伍,简直难辨彼此,做素斋必不可少。但价格实在贵得咋舌。即使是碎料,卖相并不完整的,也要动辄上百。周边地区,高山墙下,"挂羊头卖狗肉"者遍布。此地还有一种叫"油蘑"的野生柳树蘑,因仅着生于柳树上而得名。这种蘑菇,多长在潮湿树洞中,树洞圆圆的,里面常会有很多粉末状的东西。朋友说,那是虫子啃食树木的现场。那一带到处可见成片白杨树,阔叶树种容易存活,乡人以杨树与柳树相互影响,再充分利用麸皮、米糠、饼肥等作氮源,希望能栽培出"人工油蘑"。终获成功。但吃口远不及自然野生的好,淡而无味,如同嚼蜡。

汪曾祺先生说,蘑菇是蔬菜里的"肉"。精辟。菜里只要放几只蘑菇,味道瞬间提升。蘑菇若以香气区分,香菇与蕈该算一种。干吃鲜吃都很好,最常见"香菇油菜",鲜香菇,油菜要挑小小短短的,或者只取菜心,猛火旺油,翻个三两下就得。吃吧!菜场里常见一种平蘑,圆圆白白很好看,怎么炒也没味,太原话叫"寡淡"。

山西盛产好蘑菇。五台山台蘑,与离山西只一步之遥的张家口口蘑,宁武芦芽山的银盘大蘑菇,都属"蘑界翘楚"。想起有一年,我受邀给某酒店培训,旧地重游,住在"宁武宾馆"。暮色渐合时分,我在院子里溜达,见后厨师傅们正在择菜,不由怔住——那么大的蘑菇,一只一只,白晃晃的,差不多有小号搪瓷盆那么大!上趟芦芽山之行,因大雪封山中途而返,歪打正着初尝到了宁武蘑菇,却不料它可以长到这样大。跟师傅闲聊,他看我一眼笑笑,这算啥,最大的银盘蘑菇,要比你看到的还要大出两轮!这师傅十分健谈,说有人上山采蘑菇,遇到大雨,情急之下随手摘朵蘑菇遮挡。大不大?

蘑菇种类不少,但大多是晒干后才更香。那次酒店讲课结束,当地朋友专门送我一些晒好的银盘蘑菇。我父亲是山西人,爱吃面,一天三顿吃不烦,做面卤做包子,总要抓一把银盘蘑。入冬炖肉时抓一把,腥气皆无,满屋生香。宁武蘑菇还有个好处,随便冲冲,烧起来简单。口蘑恰恰相反。吃一次口蘑,连洗带泡十几遍,还是担心洗不干净。

我们酒店有一道地方特色菜"扒口蘑"。进料很关键。真正好口蘑呈白色,不能说雪白雪白,但起码也不应该是街边饭店里,一端上来,乌麻麻一摊。倒胃。但口蘑再好,做成菜总觉可惜,卖相全无。宁武蘑菇非常适合用来"扒"。一只大银盘蘑,就那么用手撕撕,撕成条,千万别用刀,反而破坏了蘑菇之本味。一只能"扒"出一大盘!卖相不难看,比口蘑有气势得多。吃菜讲究气势?要看情况,还分人。我有个朋友,一米八几大块头,吃饭像小鸡啄米,吃一口,筷子放碗上搁一搁,停个几秒钟,再来一口。看得我腰细腿疼。这朋友有次请我吃日料,其中一道"日本松茸"。上下左右,横平竖直,就那么薄薄的几片。那顿饭吃得我一肚皮紧迫。这朋友很少动筷子,坐姿挺拔,目光平稳。是在研究那几片松茸?

高明昌

种芦粟，吃芦粟

最小的妹妹打电话给我，说："哥，芦粟好吃了，你们回家来拿吧！"

其实，我对芦粟的期待，比起妹妹的电话，要早好几个月。我想大概在母亲播插芦粟秧苗的时候，我就开始期盼了。

四十多年前，海边村的几十户农家，不管是西高家，还是东高家，没有不种芦粟的。勤谨的人家一般都在五月的开头就开始下种落籽——先用铁铬翻转土地，过了几天，那块地被太阳晒得熟了，再敲碎泥块——要敲到泥块像沙土般细碎为止，然后开始匀匀地落籽。落籽的那天，如果不下雨，还要用粪桶浇上一些河水，有的甚至还在上面放上一层薄薄的稻柴，这过程叫作培育秧苗。过了二十来天，秧苗长到半尺高了，就拔出秧苗，开始插种。宅前宅后凡是有空隙的地方，包括田头田埂之类的角角落落，还有什边地上，都要种的。种得最多的，是河浜的斜边坡地。

也有几家人家是不落籽的——早在四月底上的一个傍晚，他们已经端了一碗汤圆，或者几个粽子，专门去了自己闲话说得来的人家。干什么去？串门去，央求人家落籽时把自己需要的那部分也落进去，待秧苗长大后再直接插种，此种做法叫作讨秧。他们之所以不落籽，是因为落籽的过程比较繁琐，同时也需要技术。如果落得不好，既浪费辰光，又浪费种子。托人只需一张会说话的嘴，一碗做了点心的粮食。当然，最关键的是被央托人家的热诚与善良——这本来也是应该的，都是姓高的，根上说，都是一家人。

与任何一种作物一样，芦粟下种以后的管理也是重要的。落籽后的那块地，母亲时不时走过去看看，有时还会蹲下身，翻开稻柴看。种田人都知道，往往该长出来的苗儿还没有出现，这杂草倒先长出来了。母亲经常去拔草，而且这草要连根拔掉，不让土里的营养给草吃光了。拔了草还要浇水——五月天气温差大，太阳有时会成毒日头的。所以，母亲有时会掀掉盖在土上的稻柴，有时又会盖上稻柴，像小时候给我穿衣脱衣一样，全看天气的脸色。待秧苗露芽、露头以后，母亲去看地的次数更加多了，待秧苗长到了四五公分长，就会叮嘱父亲施肥去。那时施的肥就是粪坑里人出恭留下的东西。母亲叮嘱父亲，一要捣碎，二要加水。母亲担心浓了会营养过剩，秧苗会只长叶，不长根，所以要父亲慢慢地加大浓度与次数。待到秧苗长到半尺高，第二天要拔苗的时候，当晚父亲还要去浇一点水。这水是用来松软土地的，因为明天要起秧头了，不蓬松土地，秧苗要拔断的。这些做法，看上去很杂碎，其实是一环连着一环的，都是依据了芦粟的生长规律来的。

移种拔苗的手法也是有讲究的。母亲左手轻轻荡开秧苗，右手的三根手指头捏住植株离地最近的地方，这样拔就不易弄断，或者少断。插播是在另一块地里，不是力气活，但也要用心。母亲先用插刀插入地里，握住插柄左右摇晃几下，扩大洞口，洞内的土蓬松了，再将一棵秧苗放入、扶好，泥土往根部送去，用掌心压，劲儿不重也不轻。

一棵种好了,离这棵半尺左右的地方再来一株。这半尺是距离,更是道理。待所有的秧苗插光了,母亲会用粪桶在每一棵秧苗的根上浇一点点的水,再带着笑意离开,像是看到了秧苗的成长。

其实,不是所有的成长都能如人所愿的。芦粟苗从此地移种到那地,是真正的连根拔起,再人性的拔也是伤筋动骨,所以插种后的开头几天,叶苗总是耷拉着叶片,一副恹恹的情状。如果叶片焦黄、打卷,最后垂落到根部,这秧苗就死了,就需要补种。所以母亲在移种的开头几天,早上总要去看看望望。补种也是移种,也是一样的繁琐。不过补种的苗儿成活率很高,因为原地的土松了,移种时受的影响小。而一旦成活,苗儿们的生长速度也是惊人的,真的是一天一个样,分分钟在成长。母亲也还会去看一看,在秧苗的下面除除草,除好草后再请父亲浇点粪。那时母亲最担心的是芦粟是否生虫,如果看见青虫就捉掉,如果是蚜虫,就要用药水喷了——蚜虫是一团一团的,像涂在叶片上的污泥一样,掰也掰不清爽,必须喷药才见效。一般喷一次就够了,喷过以后的芦粟像清水清洗过的一样,叶片儿绿得哑静,茎是根根绿里带白,且笔直,直抵天空。

半月不见,它可以长得和你一般高了,一月不见,它比你高出一头了。那时的芦粟不是吃的,而是用来看的。那矗立在路边、岸头的一两排芦粟,就像竖插了一面面绿色彩旗,在风势的鼓动下,飒飒招展,叶片儿随风摇动,击碰的声音清脆又响亮,像在奏一部田间的交响曲。河斜边上的最好看,排排对对,对对串串,风吹过顺势此起彼伏,像一波波的绿浪,再倒映在河里,就像镶嵌了一大块碧玉,灿烂至极。到了这个时候,各个人家就被芦粟包围了,耳听的是芦粟的声响,鼻闻的是芦粟的清香。乡下说,只要农家的宅前宅后种满了芦粟，人就不生毛病了。到了这样的地方，糊涂的人会变清爽，清爽的人更爽朗。这个话是一代代传下来的，传到我耳朵里的时候，我倒是想问：这芦粟与人的毛病有什么关系呢？因为看了芦粟还是吃了芦粟才清爽的呢？还是说看了与吃了都重要？

看归看，芦粟毕竟是拿来吃的，到了七月份，芦粟就熟了，可以一直陆陆续续吃到十一月。判断芦粟好吃不好吃要看穗头和节秆。熟透了的芦粟，穗头已经由青色、淡红色转为黑色了，而且黑得发亮，秸秆也已经长到三十来公分的长短了。剥开秆皮，会看到一层厚厚的白色黏粉，手一撸，粉就会脱落。这些都是成熟的表征。其实，芦粟熟不熟还可以通过闻香来知道——如果闻着有幽幽的甜香味道，这芦粟肯定很甜了。

我们管芦粟熟了叫甜了。芦粟甜了，就要去攀芦粟。这个"攀"有两种方式：一种是用镰刀直接割起芦粟的根，还有一种是用手拔，先将芦粟的头抓到手心，整体弯起来，在顺势朝外推出去的时候一个向里摁，一摁一"啪嗒"，芦粟就连根拔起了，就可以扛到屋里来，或者成捆地放在场地上。先用手剥掉秆上的皮，再用菜刀按节切断。

吃芦粟的"吃"和吃别的不一样，吃别的都是吃下去，吃芦粟呢就是咀嚼——用牙齿把芦粟的秆皮咬掉后，一段一段吃掉节秆，把甜水吸干，再把渣吐出来。这个过程是动牙的过程，牙齿很辛苦，嘴巴却很甜。

乡下人吃芦粟也是集体的吃法。当年开吃的第一天，傍晚时分，大家都吃好了夜饭后，会拿了自己屋里的凳子来我们家里围坐，打过招呼就开始吃芦粟，吃了一会儿就要有评价。先评价一下芦粟的甜与不甜，今天在我们家吃就都说我们家的甜，明天换一家了，就要说

那"通关密语"　　148

那家的甜。这是必须要有的恭维——因为肯定甜就是表扬那家的人会劳动，是一种鼓励吧——然后才可以扯南扯北，再说到农事。有时因为人多不够吃，有人会自觉站起回家，不一会儿就又抱了一大捆芦粟来，往地上一扔，大家又开始吃了，吃得不分彼此。对了，就算是白天，在干活的当口，有人饥渴难捱，看见河畔有芦粟，攀一根充饥或者当茶水喝，从来没有人认为是偷的，相反，被攀的人家还会在大家面前说，我们家的芦粟被人攀光了。那神情一点也不肉麻，因为有人攀，首先是因为芦粟长得好，长得好是因为主人会种田，会种田在那时是非常值得自豪的。

　　这样的芦粟种了几十年，也吃了几十年，当然也开心了几十年。后来，大家发现芦粟长得越来越短、秆越来越细，甜味也越来越差了。原因呢？讲不清，但有一点是都知道的——蚜虫越来越多了，而且喷一次药也不够了。这时候，有人家开始种"高粱芦粟"了。什么叫高粱芦粟？指的也是长相，就是这芦粟穗头像高粱，秆像芦粟。高粱芦粟最大特点是抗旱能力强，但是这芦粟节秆短，硬度高，容易别牙。也在这个时候，出现了甘蔗芦粟，看上去像甘蔗，只是比甘蔗要细得多，但秆粗，撕皮又爽，肉质又清脆。家乡人对甘蔗芦粟的评价是"根头甜到梢头"，但是难种——所谓难种，就是整个的管理过程时间比较长。没有隔开几年，这两种芦粟也就都不种了，留在土地上的还是原先的大家种的青皮绿肉的芦粟。

　　母亲也年迈了，却还年年种着芦粟。我觉得这劳作对她像是一种活血化瘀的疗程一样。芦粟甜了的时候，妹妹也就有理由打电话喊我回家看看。就算不再像当年那样，那么多高家人聚在一起集体吃芦粟，但是，也是一个小小的团圆的机会——芦粟给我们的机会。

严　锋

一碗油豆腐粉丝汤

1971年的一天,我七岁。父亲带着我,走在上海金陵东路上。看到路边有一个卖油豆腐粉丝汤的个体摊贩,父亲眼睛一亮,就拉我坐下,津津有味地吃了起来。

这是1971年,个体摊贩是非常罕见的,更惹眼的,是我父亲还穿着一身军装,上下散发着豪迈的军人气质。就这样,军人、小孩、金陵东路、油豆腐粉丝汤小摊……各种机缘巧合,构成了那个年代一道可遇不可求的惊世奇观。

这是我第一次吃油豆腐粉丝汤,对一个在匮乏中成长的孩子来说,这碗油豆腐粉丝汤,鲜美爽口,有一种完全不同于平时家里吃的饭菜的风味,超凡拔俗,沁人心肺。

就在我们吃的过程中,身边聚拢了一些围观的人。我是一个比较早熟的孩子,对别人的眼光很早就比较敏感,当时就觉得这些看客的眼光中有很多不同的东西:惊讶、好奇、有趣、困惑、鄙视……我有点坐立不安,希望快点吃完走人,但父亲丝毫不受影响,就在这些目光中悠然地吃着他的油豆腐粉丝汤。

这时,围观人群中一位四十岁左右、长得细白精致、戴着眼镜的

中年人开口问了父亲一个问题:

"好吃吗?"

他的腔调混合着好奇与调戏,我今天也忘不了那一刻对这个精致中年人的厌恶。作为一个孩子的我,第一次感受到来自成人世界的满满的恶意。当然,这也可能是一个过于敏感的孩子的错觉。无论如何,我觉得受到了羞辱。

然后父亲微笑着回答说:"很好吃。"

我永远也忘不了父亲在回答这个意义暧昧的问题时的语气和神情:温和,自然,真诚。那眼镜中年对这回答似乎有点满足,又似乎有点失落。

我的羞愧和不安仿佛突然消失了,我们坦然地继续吃着油豆腐粉丝汤,在一个金陵东路的小摊,在1971年。

辑四

路 明

离开小镇的夏天

初中快毕业时,我的面前有两条路。外公外婆希望我回上海,两个舅舅也赞同。他们的理由是:我将来总要回上海的,早一点适应比较好。何况,比起竞争惨烈的江苏,上海的高考总归会划算一点。

知青子女回沪是个敏感话题,涉及住房、户口等一系列现实纠葛。很多人家为此闹得鸡飞狗跳,甚至对簿公堂。我们家没有。我很幸运。

我爸妈则希望我读县城的"省中",留在他们身边,三年后高考再回上海。除了不愿给外公外婆添麻烦之外,我妈深层次的焦虑,是怕她管不到我了。她可以一口气举出好几个淳朴乡镇少年在大城市堕落的例子,然后照搬《霓虹灯下的哨兵》里的台词,忧心忡忡地说,"上海可是个大染缸啊"。在我妈心中,去上海有一百种变坏的可能。在这个方面,她的想象是无边无际的。

"省中"是县城最好的高中,当年的县城只有这一所省级重点高中(现在则有四所)。传说"省中"是个不食人间烟火的地方,那里聚集了来自县城及各个乡镇的尖子,那里的学生吃饭睡觉都在做题。进了"省中",等于一只脚踏进大学。

初三下半学期,有传闻说我即将转学上海,参加上海的中考。校长找我爸喝老酒,我爸醉后夸下海口:无论我高中去哪里,都会为菉溪中学抢下一个"省中"名额。要知道,作为一所乡镇初中,每年只有四五名学生能进"省中",少一个,等于少了百分之二十的业绩。我是校长眼中的"种子选手",他不愿轻易地放我走。

老木头说,别看校长平时神气活现,一去县城开会都蔫了,像霜打了的塌苦菜。多一个学生进"省中",他就多一份面子。

我爸妈很快完成了战略部署:不转学,主攻"省中"。上海的中考比江苏的中考晚了一个礼拜。考完"省中"后,我再去上海考,搏一把上海的重点高中。

我从不参与这些讨论。像一场缺席审判,我的任务是念书,对自己的命运并无表决权。

最后一次模拟考,语文老师惊讶地发现,我先从最后的作文写起。他走到我身边,咳嗽两声,敲了敲我的桌子。我毫不理睬,依旧埋头奋笔疾书。

语文理所当然地考砸了,但作文是高分,还当作范文张贴在橱窗里。我们学校有这个传统。

那时候,我暗恋隔壁班一个叫阿花的女孩。现在想想,当初的爱情观简直迂腐得可笑:先挑成绩好的,再从成绩好的里面挑好看的。比如黄潇潇,黄潇潇当然是成绩好又漂亮,但问题是,黄潇潇跟我在一个班,还是团支部书记。我无数次见到她飞扬跋扈的样子。阿花就不一样了,阿花是隔壁班的团支书,距离造就了美。

语文老师不会知道,那篇作文是藏头文。每一段的第一个字连起来,是"阿花我喜欢你"。

中考成绩出来,我两边都考上了。

家庭会议上,我爸我妈和外公外婆各执一词,争论不休。我突然推开小房间的门,大声地说,去上海。然后转身,重重砸上房门。

门外一片沉寂。

过了一会,听见我妈虚弱疲惫的声音,就这样吧。

我厌倦了那样的暗恋,我尤其讨厌自己,懦弱又假正经。明明喜欢人家,千方百计制造"偶遇",真遇到了,却连打个招呼都不敢。那个时候,在父母师长口中,"早恋"是洪水猛兽,是可以燎原的火。在能找到的青春小说里,顶多写到"把朦胧的好感放在心底",然后两人相约"好好学习","将来考同一所大学"。我暗恋了阿花三年,我不想再暗恋三年。

阿花的家在南圩村,要过一座桥,桥下是庄稼。那个暑假,我常常在晚饭后散步,走着走着就到了那座桥。我期待一场偶遇。我在心里反复地练习,如果遇见她,我会怎样鼓起勇气,告诉她我一直喜欢她,然后挥手告别,了却一桩心事。

在去阿花家的那条路上,我看见大片大片的荷叶,我惊奇地发现,那些荷叶不是长在池塘,而是扎根在泥土里。1997年的夏天,那些荷叶成为我记忆中唯一的诗意的景物。

我没有再见到阿花。

对一个小镇出来的孩子,融入城市的过程是艰难的。也许并没有那么难。少年时的心事,多年后讲起来,总有"为赋新词强说愁"的味道。因为过去了。难过,忧伤,困惑,愤怒,委屈……所有的这些情绪,都过去了。

我以为去了上海,就能终结这段给我带来无尽烦恼的暗恋,我以为自己很快会喜欢上别的女孩。我错了。我像一株连根拔起的植物,被移入室内,从此告别了风和田野。因为过得不快乐,我像老年人一样热衷于回忆往事。我常常想起最后一次见到阿花的场景:那是中考后的一次返校,六月的尾声,空气中饱含着湿气,大朵低垂的积雨云像即将开出深灰色的花朵。阿花穿着淡蓝色上衣,骑着自行车,晃悠悠地上了桥,然后变小,变淡,像镶嵌在灰色墙面里的一小片青瓷,消失。

从此,我把那样阴沉欲雨的天气,定义为想念阿花的日子。

阿花去了"省中"。那届初中,算我在内,有五个人考取"省中"。我给阿花写信,为了掩饰心虚,也为了避免信被截获,我在信封写上四个人的名字,包括从没说过话的同学。在信里,我写了些冠冕堂皇的话,很遗憾没继续做同学啦,很想念大家啦,学习忙不忙啦什么的。等信寄出去我才想起来,我的学校有两个校区,相隔了四五公里。我怕邮递员会寄错地方,于是每天放学后,我都两个校区来回跑。这样持续了三个月,我想,阿花大概是没收到信吧。

时间过得很快,因为回忆起来每一天都差不多。快高考了,我爸是小镇有名的"填志愿专家",我知道,阿花爸爸一定会来找我爸填志愿,他俩是老同学。

我给我爸打电话,我爸听见是我,习惯性地说,等一下,你妈在厨房。

我说不不,我找你。

我爸有点紧张,说什么事?平时我从不给他打电话。

那个……我支支吾吾,阿花爸爸要是来找你填志愿,可不可以让她去上海。

电话那头有隐约的笑意。我爸故作严肃地清了清嗓子,说,我知道了。然后告诫我,别胡思乱想,心思要放在学习上。

一个礼拜后,我爸给我打电话说,阿花想读法律,第一志愿填了华东政法。

县城有一张日报,每年高考放榜时会出一个专版,登上所有"一本"的录取信息。我盯着阿花的名字发呆,西南政法大学。

老木头说过,"省中"校长跑去苏州开会,跟我们校长去县城开会是一个怂样。当时整个苏州地区有八所"省中",我们县的"省中"长期叨陪末座。后来我知道,那年填志愿前的全校动员大会上,"省中"校长发明了一个词——"天女散花"。校长慷慨激昂地说,没有绝对的把握,不要考沪宁线上的学校,不划算的。我们要天女散花,要考到全国去!好男儿志在四方,好女儿也志在四方!

阿花的班主任也说,华东政法的分数线太高了,西南政法比较稳,学校又一点不差。

他们的策略成功了。这一年,"省中"的一本率实现了新高。

在来回小镇和上海的公交车上,我的视线漫无目的地越过田野。耳机里循环放着周杰伦的《三年二班》,"为什么漂亮女生都在隔壁班"。

九月,阿花以高出华东政法60分的成绩远赴重庆。我们就这样相继离开了小镇。

很多年后,一个当年和阿花同班的男生跟我讲,"阿花也很凶的。"

我说起通往阿花村庄的那条路,说起路边的荷花。男生说,哦,那是芋艿。

姚鄂梅

忆 抓 蟹

这么多年,不知怎么就过去了,仿佛它们从未存在过,我的意思是,当凝重的黄昏驾临,当一段搓揉肠子的音乐响起,当一阵寒风刮走掩饰暴露出最深处的微温,竟没有几件配得上心情的往事。

我可以说说最初那件事么?很早以前发生的一件小事,然后就忘了,一忘就是许多许多年。然后不知是在哪个时刻,哪种情形下,猛地一下从天外跳进脑海,又或者它一直沉睡着,但某天突然睁开眼睛,忽地坐起。

那时我还小,十岁左右,没有同龄的玩伴,跟在哥哥们后面寻找机会邀宠。我们一路逢山过山逢水涉水,整支队伍最后扎进一条半干涸的小河里,抓捕壳子还没变硬的小螃蟹。不是为了吃,螃蟹还太小,无可吃之处,仅仅只是抓着玩儿。小螃蟹们被我们惊着了,四下里惊慌逃窜,我们像练梅花桩一样,踏着水面上的石块歪歪斜斜行走,不时弯下腰来,一手掀起石头,一手及时伸向石缝里黄褐色的机敏爬行物。我们很快漫过了半条河,所到之处,露出水面的石头统统被我们翻了个个儿,又干又白的一面泡进水里,水淋淋的青褐色底部仰面朝天。我知道这又是一个表现的好时刻,我总是力求用上好的表现去拉平与哥哥们的年龄差。我的个头比他们矮，弯腰的幅度因此不必太大，只需微微哈下腰就行，不像他们，一直一弯之间，螃蟹早已仓皇爬出好远。而且我的手天生比男孩们灵活，再说我也不怕被螃蟹夹，它们的钳子还没有变硬，跟小奶猫的爪子差不多。

最成功最兴奋的时刻总是伴随着眩晕感，我忽略了一个基本的事实，觉得自己瞬间长大，足够跟哥哥们一样，只用一只手就可以掀开石头，这之前，我都是用两只手轻轻挪开，假装根本没有注意到那只突然暴露在外的螃蟹，等它彻底放松警惕时，才刷地一下扑上去。

那块被我单手掀开的石头端端直直砸上了我的脚，被水泡得又白又软的右脚顿时变成了两块石头间的橡皮泥，我相信我的脚趾肯定断了，我看到血流出来，漫过石头，流向河水，一道红色的线向前流去。

哥哥们直起腰来听了一会我的哭声，很快做出判决：谁叫你不小心点的？然后又去抓螃蟹。傍晚将近，螃蟹又那么多，再不抓走天就黑了。他们卷着袖管，低着头，像一片杂色的云朝前漫去。

只有一个男孩蹚着水朝我走了过来，看个头，他应该是哥哥们中略小的一个，也是最不起眼的一个，我之前甚至都没注意到他，他移开压在我脚背上的石头，发现了血迹。他环视一番，去河边捋了几把艾蒿叶子，塞进嘴里，费力嚼了起来，我闻到了艾蒿被碾碎时发出来的苦味，又苦又臭，令人作呕，难怪到了夏天我们都用艾蒿熏走蚊子。我很惊讶他不仅没有呕出来，反而咯吱咯吱越嚼越快，浓绿的汁液顺着他的下巴一条条往下流，很快就盖满了整个下巴，他停住咀嚼，朝手心吐出口里的渣，是一大团墨绿色泥状的东西，他用两根手指轻轻压成一块小饼，蹲下来，仔细敷在我的伤脚上。

艾蒿是止血的。他说,掬起一捧水,漱了漱口,向前面的哥哥们追去,那里有我的亲哥哥,就是刚才对我做出判决的那位。

血果然止住了,而且还有股清凉而舒服的感觉。

回家第一件事,就是告诉大人我在小河里受了伤,以及那个哥哥口嚼艾蒿为我敷药的事,他们很感动,同时批评了我哥。他们认为这事本该由我哥亲自来做。我哥说:我根本不知道她受了伤。

晚上,奶奶给我洗澡,双脚踩进水里的瞬间,剧烈的疼痛让我失声尖叫起来。奶奶仔细一看,在我脚底那一面的无名指跟部,一道深深的口子,像小动物的嘴,正饥饿地大张着。

哎呀,方向反了,他把药敷错地方了。我把他敷药的地方指给奶奶看。

奶奶看看脚,又看看我,两只老眼越睁越大。

奶奶去找来家里的备用药,把我的伤脚抱在怀里,边敷边说:可怜的,那得多苦啊,我活了一辈子,都没嚼过艾蒿。

那以后我经历了很多事,升学,搬迁,再升学,再搬迁,一再搬迁,我没想到老家是这样一种东西,一旦你离开它,以后你每走一步,都是离它更远的方向。

后来,借踏青之名,回去过一两次,当年抓螃蟹的小河已经泯入地下消失不见了,想打听那个敷药的男孩,却怎么也想不起来他的名字,去问哥,他也不能确定,在两个可能的名字之间摇摆。而最最令我痛心和自责的,是我连他的长相也回忆不起来,就记得他穿一件褪色严重的蓝布上衣,头发微黄,前面一撮硬硬地翘起,像有段时间流行的莫西干头。

抓蟹队伍中的绝大多数留在老家,娶妻生子,辛苦工作,沉默平淡,我怀揣自己的小意图,逐个去面对他们,果然,那些开始混浊的眼睛告诉我,他们从来没有做过那种事情,他们永远都不会做那种事情。艾蒿怎么可以入口?它可能有毒!

又一年,无意中听说,老家一个当年的男孩,后来很奇怪地在一个月圆之夜发了疯,从此音信全无。与此同时,我的记忆神奇地复活了,几乎可以肯定,他就是那个敷药男孩,他的确有过一件褪色相当严重的蓝布上衣,他所有的上衣都褪色严重,他连头发都褪色严重,他还那么小,就已经跟他的衣服一样,很旧很旧了。我怎么把他给忘了。

一定是他。能发疯的人必定是心底柔软之人,心底柔软之人,才会对薄暮之中放声大哭的受伤女孩动起恻隐之心,丢下坚硬如铁的同伴们,像尝百草的神农般往嘴里塞进大把艾蒿。

我欠了他了,这辈子都无从报答了,当年得到的刹那间的怜惜,被多年的遗忘发酵,足以膨胀成一条命的沉重。

命若流星,唯有记忆永恒。不知名亦不知面目的敷药男孩,如果我正式追认你为我的初恋,你可有不同意见?

潘 敦

苏州的事

大建筑师贝聿铭先生今年过一百岁生日,北京《三联生活周刊》四月第二期选了老先生一张旧照片作封面,更动用七十几个版面专题报道,从广州到苏州,苏州到上海,上海到美国,再到全世界,剪辑出这位华人建筑师一生的天分刻苦,繁华荣耀。那几天上海的名主持人曹可凡也传了一段十年前他采访贝先生的录影上网,那年贝先生设计的苏州博物馆新馆刚落成,他回苏州剪彩,顺道接受访问。录影里贝先生说的是上海话,带点苏州腔,像评弹里的念白:你不是"侬",是"俫";我们不是"阿拉",是"哦伲"。这样的称谓我很熟悉,小时候听我祖父说惯了,在苏州人说的上海话里祖父不是"阿爷",是"老爹"。

我念初中的时候学生证上还要填写籍贯一栏,我的籍贯是江苏吴县,那是我祖父的出生地。清代的苏州城里有三个县衙,吴县是其中之一,另两个是长洲与元和。姑苏自古繁华,人口稠密,三分而治,可见庞杂。古城里诗书传家,生活安逸,近现代史上的苏州人要成就一番事业似乎都要离开了苏州才有可能,贝聿铭是如此,我祖父也一样,十六岁离家,先到上海,再去武汉,然后天南地北,四十年代住过日据刚结束的台湾，五十年代到了莫斯科。祖父会说日语，据说俄语也很流利，我隐约记得自己四五岁的时候，有一天在上海思南路的家里祖父教了我几个英语单词，那年他好像要去美国出差，一边自学英语，一边和孙子逗趣。祖父的专业是工程设计，一九九零年建设部评选中国第一批工程设计勘查大师，一百二十人当选，他是其中之一。七十二岁那年祖父正式退休，此后一直在杭州养老，离苏州很近，却也没什么机缘回乡。故家旧物，祖父最怀念的是小时候母亲做的桂花鸡头米甜汤，说是很香，很糯，幼时的味觉总是最耐久的记忆，好像我也时常想念，他偶尔从复兴公园对面的小吃店里给我带回的小笼包一样。

鸡头米也叫芡实，睡莲科植物的一种，成熟的鸡头米果实呈球形而尖吻，形似鸡头，我却觉得更像是水生的石榴。果实的外皮颇似莲蓬，剥开后就是一粒粒带壳的鸡头米，鸡头米的外壳远比莲子的青皮坚硬，需借助特殊的工具才能剥开。水乡村妇于此最有心得，九十月间苏州城里的公车站台上常见剥鸡头米的老妇，剥开的鸡头米润如玉珠，用一钵清水养着，不必向过客兜售，自有相熟的候车人问津。苏州人只吃新鲜的鸡头米，葑门外南塘的最好，开水煮糯，薄施藕粉，轻点桂花，暑去秋来时节，这道点心冷暖两宜。

苏州人的精致在苏州菜里最是分明，精致的本源在于其不怕麻烦，剥鸡头米如是，剥虾仁拆蟹粉更如是。江浙一带水道纵横，虾蟹入馔本属寻常，不过席间鳞甲纵横远不及轻勺金玉风雅绝伦，地道的苏州菜馆无不雇人剥虾拆蟹。六月里河虾最美，虾仁之外，还能剥出虾脑、虾子，三虾汇拢，轻浆快炒，以之拌面，有如锦绣堆玉；十一月湖蟹渐肥，去盔卸甲，蟹肉、蟹腿、蟹膏、蟹黄，一定要分得干净，再按比例调配,才能炒出适合不同菜肴的金银蟹粉。我记得我祖父也很爱虾仁,小时候家里没有冰箱,新鲜虾仁无论生熟都不宜保存,祖父会把剥好的虾仁用葱姜翻炒,断生后再加些熟油和细盐,用小火慢熬,虾仁在热油中渐渐缩小,皮色因收紧而略红,大约二三十分钟后,可将虾仁同油一起出锅装碗,油以没顶为宜。这种慢火熬过的虾仁紧而不干,比清炒的虾仁鲜咸,且可多储存几日,最宜作阳春面的浇头,一勺足矣。近年我虽去过苏州几十次,酒楼食肆,却从未见人如此烹制虾仁,或许是家中私传,我姑姑还会这门手艺,每年只做一次,烧一大碗给我解馋,她嫌剥虾仁麻烦。

小时候我也去过苏州,却从未进城,只到城南木渎一带的山上,扫墓,踏青。六岁那年我祖母谢世,转年在凤凰山落葬,祖母是上海南翔人,葬在苏州应是祖父的安排,凤凰山离天平山很近,那里有他母亲的坟茔。我的曾祖母姓吴,据说她的父亲是姑苏名医,奉诏入京替皇上或太后诊过病,病愈赐银归里。他用这笔赏银在苏州城里的阔巷起了一排五幢相连的房子,最里面那幢自己住,外面四幢分于四个女儿。阔巷不是宽阔的巷子,是那条旧巷的名字,离玄妙观很近。苏州城里潘吴联姻是寻常事,譬如吴湖帆与潘静淑,潘静淑那一族潘氏科名显赫,出了潘世恩、潘世璜、潘祖荫;我祖上那一族潘氏经商有道,开过黄天源、稻香村、瑞蚨祥,一贵一富,曾道是,"苏州两个潘,占城一大半"……金粉人家难免云烟散场,潘家到了我曾祖那一辈已然中落,曾祖父娶了吴家的小姐,阔巷里的那幢房子作了嫁妆,我祖父就在那里出生。又过了几十年,世道贪新,阔巷拆成一片瓦砾,那年祖父六十有六,带了远来的妹妹和弟弟在瓦砾堆上哭了一场,算是哀悼古城旧巷里潘家的一点遗痕遗恨了。

苏州城里潘氏留下的遗迹还有不少,故居、祠堂,城南沧浪亭同治年间的重修碑记上也有不少潘氏子弟的名讳,分不清哪一族了。苏州那些园林里我最爱沧浪,近年去得最多的倒是拙政园,看如冬先生,我总在午前到,聊天,看画,吃完中午那碗拌面,再喝几口茶才告辞。先生偶尔留我晚饭,我便住一夜才走,十全街上的南园,或是平江路旁的旅馆。平江路晚上也热闹,相邻的园林路则清净许多,园林路一头连着拙政园,另一头靠住狮子林,那曾是贝聿铭先生家里的产业。那晚我饭后散步绕进狮子林后的一条小巷,六尺多宽,巷口人家的外墙上镶了门牌,蓝底白字,路灯下很清楚,"潘儒巷",我好奇往巷深处再走几步,右手边两扇朱漆大门半掩着一间老旧的祠堂,门楣悬着横匾,颜体暗金大字,"敦睦堂"。我忽然有些担心,那扇门会不会是在等我推开?或是另有一个我正要从那门里出来?

黄开发

乌鸦与白头鹎

嘎——啊——,嘎,嘎……

窗外传来熟悉的粗哑的啼叫,转头望去,见有鸟影从两栋宿舍楼之间掠过。我不禁会心一笑。前一天大风,气温陡降,时令已交深秋。早餐时,我跟家人说,乌鸦们该回来了。果不其然。

傍晚,我去学校操场跑步。在绿色的草坪和赭红的跑道上方,伴着夕阳的余晖,几百只乌鸦上下纷飞,进进出出,大呼小叫,像是在为取得制空权而进行狂欢,令人顿时有置身霍格沃茨魔法学校之感。

乌鸦是北师大冬季一景,每晚有几千只乌鸦在此过夜。北京常见的乌鸦有五种:大嘴乌鸦、小嘴乌鸦、秃鼻乌鸦、达乌里寒鸦和白颈鸦。来北师大过夜的属于小嘴乌鸦。小嘴乌鸦的个头要比大嘴乌鸦小一号,嘴形不像后者那样粗壮、嘴尖钩曲。乌鸦初到的几日,夜栖的树下留下了斑斑点点的白色排泄物,像是淋上的石灰水。走近一看,除了白色外,还有草绿、褐色、红色等,简直五色斑斓。过不了几天,路面、路边像是被石灰水刷过一遍,夜晚在路灯的照射下,看似一层薄雪。进东门的一条主干道被称为"天使路",是校园内乌鸦最为集中的区域。有句话说,未被"天使"砸,愧作师大人。又云,每个北师大人的头顶上,都有一只保佑的乌鸦。

从去年深秋乌鸦们入住,到今年一月中旬,我差不多与它们朝夕会面。傍晚时分,天光转暗,暮鸦成群结队,此呼彼应,从北边的觅食地飞回校园。它们在进入栖息地之前先进行集合,然后才进入栖息地。我家西边的小花园就是一个集合的处所,鸦群在比六层宿舍楼还高的毛白杨上起起落落,高谈阔论,小花园上空俨然成了巨型的乌鸦会客厅。等到天完全黑下来,它们才渐渐离去。晚上,我去办公室,穿过"天使路"、主楼与图书馆之间,可以见到乌鸦们挤满悬铃木的树枝,一动不动。偶遇大风,树枝随风摇动,不时有乌鸦掉下来,它们抱怨一两声,又重新登枝。最喜欢在月明星稀之夜,城市安静了下来,月辉勾勒出寒枝上的鸦影,比夜色中所有的东西都更黑,仿佛黑色的精灵,有一种神秘的凄清之美。

北师大是京城乌鸦主要的聚集地之一,至于原因,说法不同。一种说法是北师大主校区一带过去是城北的大片坟地。在1950年代新校舍建设之初,还有一对镇墓的铁狮子,所以这一带又被称为铁狮子坟。乌鸦喜欢坟场,而它们又是有种族记忆的,所以每年都如期而至。另一种说法来自鸟类专家,他们解释道,城市热岛效应使乌鸦养成了夜宿城里的习惯,而北师大生态环境良好,师生们对动物友善,又有让乌鸦们感到安全的高大的毛白杨和悬铃木。很多人可能想不到,现在校园夜栖的是小嘴乌鸦,五十年前北京主要的鸦群属于秃鼻乌鸦,二者并非同种。

从学生时代到现在,我已在北师大校园居住了二十多个年头,除了旅外的两三年,绝大多数的冬天都是在鸦叫声中度过的。一开始,对乌鸦是心存芥蒂的。与绝大多数国人一样,听到喜鹊叫就高兴,听到乌鸦叫则以为晦气。记得我六七岁时,邻居家的一个老汉出门,不久返回,嘴里骂骂咧咧,自称倒霉。原来是遇到一只老鸹,迎头冲他"哇哇"叫了两声。他于是取消计划,择日再出行……人们总是相信,乌鸦与死亡有着神秘的关联,似乎对死亡有着特殊的嗅觉。

然而,在中国传统文化中,乌鸦是有很正面的形象的。神话中说,太阳里住着三足的金乌,又称赤乌。因此人们把"金乌"或"赤乌"作为太阳的别名。古有"乌鸦报喜,始有周兴"的历史传说,讲的是周将兴起之时,大赤乌衔谷种在王屋上麇集,武王与他的大夫们见后大喜。现实中也有乌鸦报喜之说,唐吴兢撰《乐府古题要解》"乌夜啼"条下就有这样的记载。大约从唐代以后,乌啼不吉利的观念才渐渐流行开来。不过,满族等少数民族崇拜乌鸦,视乌鸦为神鸟和吉祥鸟。外国也有大量的类似事例,那是可以写出大部头的乌鸦文化史的。

中国进入现代以后,人们接受了科学主义的观念,反映在文化中的乌鸦形象也大为改观。胡适在五四时期创作白话诗《老鸦》,其中写道:"我大清早起,/站在人家屋角上哑哑的啼/人家讨嫌我,说我不吉利;——/我不能呢呢喃喃讨人家的欢喜!"1930年代初期,曹聚仁编文艺周刊《涛声》第21期封面印上了乌鸦图案:下面海涛汹涌,上面老鸦奋飞。同期刊登一篇《乌鸦商标上版记》,表明该刊对一切采取怀疑和批判的"乌鸦主义"的态度。

在刚刚过去的冬天里,校园里乌鸦的数量明显减少,而且有意外的情况发生。一月中旬,乌鸦突然悉数离去。以前也出现过类似情况,不过隔一天,顶多两三天,它们又会回来。这次直到二月中旬我到外地旅行,它们都没有露面。偶尔也见到小群的乌鸦从校园的上空高高飞过,但都没有降落。两个星期后回校,仍不见乌鸦们的踪影。出现这种情况,不知道是不是与校园环境的变化有关。"天使路"东半段两边种植泡桐,树冠都被截断过,上面已经不适合乌鸦们栖息了,它们集中停落在西半段悬铃木的树枝上。

听不到乌鸦的啼叫,我感到有些遗憾。然而,我新认识了一种在冬日里鸣唱的鸟儿。二月最后一天的下午,一家人去位于北郊的房子。进屋不久,就听到窗外有多只鸟儿在鸣叫,那声音婉转悠扬,比百灵要沉稳,又比画眉清亮。以前也听到过这种声音,但没有留意。我拿起一架单反下楼。循着声音,到了楼房西头一片由忍冬、刺玫和银杏等杂树形成的树丛。我看到唱歌的小鸟们了,一大群,或停或飞。它们比麻雀稍大,黑头,黑嘴巴,后枕有一块白色。几只喜鹊在附近飞来飞去,叫声喳喳,好像殷勤的主人;而麻雀们冷漠地蹲在树枝上,缩着脖子,有一搭没一搭地闲叫。小鸟胆小而又机警,见我靠近,大多躲进树丛深处,有的停到银杏树的高枝上。为了拍到清晰的照片,我小心翼翼地逼近,小鸟们发出短促的嘎嘎声,纷纷撤离,落在几十米外一棵窄冠白杨高高的梢头。回来查资料,知道原来是白头鹎,雀形目鹎科,又叫白头翁。本是南方鸟类,近年来已在北方蔓延。其实我是见过它们的。去年冬天,小区的路上铺了一层厚雪,几只黑头带白毛的小鸟在平枝栒子上跳跃,灌木的枝条上深紫的细叶已经落尽,挂上一串串比红豆还要小的鲜红的圆果。那美丽的画面给我留下了很深的印象。

白头鹎是冬天里的歌唱家。在寒冷的季节里,它们缘何而唱?鸟类网"白头鹎"条目下写道:"秋冬季节,白头鹎在进入繁殖期后会聚集在树林上喧叫,常常引起人们的注意。这种群聚的现象,到春季时就消失了。"这记述与我的所见相符,看来它们是为了求爱而歌唱。

　　乌鸦们却一直没有回来,校园里冷清了许多。记得去年乌鸦是三月初远行的。黄昏时分,我路过东西向的两栋宿舍楼之间,一轮圆月升到了东楼顶的上方。突然,呼喇喇一阵风起,前上方,上百只乌鸦从东向西飞来,呈弧线形斜越过东边一栋楼的瓦脊,再俯飞而下,落到高大白杨树上,不一会儿,同时起飞,哗啦啦地一大片,仿佛瓢泼大雨声。紧接着,又有一大群乌鸦沿着同样的弧线飞过,落下,然后飞走。精灵们行为反常,像是在举行一个神秘的飞行仪式。第二天晚上,乌鸦的数量就减少了一大半;再过一两天,校园里已经难觅鸦影了。

　　今天秋冬时节,乌鸦们还会回到校园里来吗?多年来,早已习惯了鸦叫声,如果不来,寒冬里的校园会更让人感到冷清、寂寞。我乐于欣赏白头鹎、画眉、百灵的歌唱,也希望听到乌鸦的啼叫。

杨月英

双头莲与隐元豆

6月13日的《京都新闻》地域版登载了一篇题为《睽违数年，万福寺又现双头莲》的新闻（作者为杉原庆子），讲位于京都府宇治市的万福寺中，种植了前任住持收集的约六十种共一百六十盆莲花。时隔数年，今年又有双头莲开放，作为瑞兆的象征，吸引了参观者的注意。开双头莲的是孙文莲，其得名源自孙文赠给日本支持者的品种。今年是中日和平友好条约缔结四十周年，万福寺瑞光院的住持吉野心源表示，孙文莲是两国友好的象征，从中感到了一种奇妙的缘分。

有关孙文莲的渊源，池上正治的《孙文莲》一文有着具体的记载：孙中山先生为革命事业奔走之际，日本实业家田中隆资助了300万日元及一艘汽船。当时的300万日元，大约相当于现在的50亿日元。1918年，孙中山先生为了感谢田中隆的襄助，回赠以书有"至诚感神"四字的书法作品及四颗古莲子，作为君子之交的纪念。田中隆收下莲子后，珍藏在保险箱内。1951年，植物学家大贺一郎成功地将日本千叶县检见川的遗址中发现的距今两千年以上的古莲子培育开花，这在当时是很轰动的新闻。田中隆已于1935年过世，其子田中隆敏将孙中山先生所赠的莲子托付给大贺一郎,希望也能培育开花。1962年,这四颗莲子中的一颗发芽开花,被命名为孙文莲。作为友好的象征,孙文莲的分株先后被赠予北京中山公园、武汉植物园、台北"故宫博物院"。

实际上,万福寺不仅仅有着今年花开并蒂的孙文莲,历史上也与中国渊源极深。南明永历八年(1654),福清黄檗山万福寺住持隐元隆琦应邀东渡日本弘法。他搭乘郑成功的船,于五月十日出发渡海,七月初五到达长崎。隐元在日本的影响力很大,士民皈依者甚众。1660年,隐元获赠位于宇治的土地,遂在此建立寺院,命名为万福寺,与家乡福清的万福寺同名,开创了日本的黄檗宗。宇治万福寺保持明代寺院的建筑风格,与日式风格的寺庙建筑区别很大。隐元原计划弘法三年后回国,因受到日本信众再三挽留,"屡辞而屡请",最终不复归返。

隐元的法嗣木庵性瑫有一位日本弟子铁眼道光,发愿刻印《大藏经》,得到了隐元的支持。铁眼于是在万福寺建起宝藏院,并以隐元提供的明代万历方册本《嘉兴藏》作为底本,化募资金,刻成《大藏经》6 956卷,世称《黄檗版大藏经》或《铁眼版一切经》,版木约有六万块,至今仍保存在万福寺宝藏院中。

今年4月22日,我跟随老师、同学一同参观宝藏院,当日工作人员特地给我们讲解和示范佛经的刊印。三百多年前刻成的古版,至今印出的佛经字迹仍极为清晰,毫无漫漶模糊之感,可见历代僧人对版木的珍惜和宝爱。和中国古代主要以梨木、枣木雕版不同,黄檗版大藏经的版木全部是品种为吉野樱的樱木,版木按照部类排列整齐,六万块古版,满满地堆叠了两层楼面。空气中有版木的木香，以及墨香和纸香，一踏入宝藏院，就能感受到非常庄重感人的氛围。

《铁眼版一切经》的各卷末尾刻有刊记，记录了捐资信众的姓名与捐赠金额，以及刊刻时间和"沙门铁眼募刻"字样。关于铁眼遂募刻的经过，十八世纪日本作家伴蒿蹊在《近世畸人传》里有很动人的记载：铁眼好不容易募集到刻经的资金时，日本遭遇了大饥荒，铁眼遂将化缘所得尽数施予灾民，自己再次开始募集资金。数年后筹集到刻经的款项，可是饥荒又一次发生了，铁眼再度把所有的钱都用来救济灾民。直到第三次募集资金，才终于刻成大藏经。

那次在宝藏院参观之后，大家又一同进入万福寺，正好也看到了那盆孙文莲。当时是四月下旬，孙文莲刚刚长出了几片莲叶，还没有花苞，所以并没有亲眼看到双头莲，但因为孙文莲这个名字非常特别，所以印象颇深。而与万福寺有关的植物，给我留下最深刻印象的，则是隐元豆。

京都的超市里出售三度豆，也就是上海的菜场里称作四季豆的菜蔬。有意思的是，三度豆的标签上，有时还标注出いんげん豆。いんげん豆并非三度豆的日语发音，可知是三度豆的别名。我有时也会买来炒着吃，但一直不晓得为什么会叫这个别名。

前一阵为了写一篇文章，查检日本江户时代博物学者毛利梅园的《梅园草木花谱》，无意中看到四季豆的图谱旁边，标注了"隐元豇豆"的植物名。据毛利梅园的考证，四季豆由中国传至日本，京都俗称为隐元豆。我这时才恍然大悟，原来"いんげん豆"标示的是日语"隐元豆"的发音。隐元于1654年东渡日本，距今已经三百六十多年了。时至今日，京都仍旧把四季豆称作隐元豆。实际上中国并非四季豆的原产地,四季豆原产于美洲,明代中后期从欧洲传入中国,此后随着隐元东渡而传至日本,被称作隐元豆。

我以前写植物的文章,经常涉及从外国传至我国的植物,这些植物的译名是个很有趣的话题,从中可以见出文化之间的相互交流与影响。从我国传至外国的植物,在外语里对这些植物的译名,同样提供了一个新的关于文化交流的视角。从美洲经由欧洲传至我国,又从我国传至日本的隐元豆就是这样一个典型的例子。

谈瀛洲

失恋了,种薄荷吧

一

有个以前的学生发微信来说,"老师,我最近失恋了。我感觉我的生活很失败。所以我想种花。如果看到植物长好了,就会有成就感。您有什么推荐的吗?"

很特别的种花理由,但我能理解她。当我们对人的世界感觉无能为力的时候,如果能把眼前的一盆花照顾好,这也是建立起自信,拯救自我于绝望的一种方法啊。

考虑到她现在的状态,我得给她推荐一种特别好种的花才行,不然种死了对她又是一个打击。

"那你种薄荷吧,"我说。

薄荷不仅特别好种,它的茎叶的香味,对失恋的心也有抚慰的作用呢。

但即便是像薄荷这样强健的植物,要种好它也多少要对它有些了解,也就是说,要做点格物致知的功夫。每种植物,都多少有一点它自己的特性,或者说它对环境的特殊要求。只有满足了它的要求,它才能长好。

通过做格物致知的功夫，满足一种植物的要求，让它长得欣欣向荣，这也是在无序的宇宙中，开辟了一小块有序的天地。如果能把它推而广之，这块有序的天地就会越变越大呢。那样说来，种花的意义也就超出了个人的范围，和儒家说的"修身，齐家，治国，平天下"，不也有相通之处嘛。

二

薄荷的品种很多，有野薄荷、绿薄荷、普列薄荷、胡椒薄荷、柠檬水薄荷等。在花市最常见的，就是绿薄荷（Mentha spicata），又称留兰香了。它有四棱形的茎，皱皱的长圆形的叶子，用手拂一拂，就会散发出一股清香味。

为了降低成本与价格，花市的薄荷一般都是用的最便宜的拼配植料种的。这种植料保水性差，含有的肥分少，所以买回家后，最好自己拿园土重新种一下。薄荷又很"吃肥"，不拘什么基肥，比如豆粕、鸡粪之类的，都可以在土里拌一些。种好之后，平时要把它放在阳光充足的地方，这样薄荷就会长得很肥壮。

这时，不要不舍得摘它的枝叶泡茶或者是派别的用处，因为薄荷生长得很快，你摘后它马上就会生出新的枝叶，不摘的话它的枝叶就会越长越细长，然后株型就有些难看了。

我种过一次绿薄荷，用的是一个直径约十八公分的比较大的盆。一开始这盆薄荷长得很好，枝肥叶大，大半年过去了就长满了整个盆面。

这时它的长势就开始变差，叶子变小枝条也开始变得瘦弱，追了肥也不见有大的改善。我把盆里的薄荷连带整个土球都倒出来一看，才发现它的地下茎已经长满了整个盆面，而且在盆的周围一圈已经盘得密密麻麻的有好几层！

这时才知道原来绿薄荷是种蔓延能力极强的植物。它的地下茎已经在盆里长得密度太大太挤了，怪不得长不好了。于是我把它的地下茎连同枝叶和泥土切下一小块，换上新的泥土和肥料种回盆里，其余的丢掉。不久这盆薄荷又长得茁壮如初了。

三

我还种过一次普列薄荷（学名是Mentha pulegium，英文俗名叫Pennyroyal）。这回是籽播的。长出小苗后，这货不久就长出四五根匍匐茎，做出往四面八方蔓延的架势。看来，它也是种侵略性很强的植物。它的叶子比绿薄荷要小，也光滑一些，油亮油亮的。

等它长大后，我就把它放在阳台上，除了浇水外，不怎么管了。

初夏的时候，我有一天上阳台浇花，发现它居然开花了！是半圆形的一丛丛密集的粉红色小花（术语叫做轮伞花序），开在叶腋间。它的花苞一定很小，所以长出来的时候我都没注意到。

既然开花了，就把它拿下楼去欣赏欣赏吧。于是我就把它放在了客厅里。

第二天早晨起床后，到客厅里忽然闻到一股烧焦味。难道是昨晚有东西放在煤气灶上，忘记关火了？赶紧去厨房看了，没有呀！难道是电线短路了？没有那股子难闻的塑料味呀！

突然想到，这是那棵普列薄荷的花的香味。这味道应该不浓，原来在开放的阳台上，很快就被风吹散了，所以闻不到；但在关闭了门窗的房间里，就慢慢累积变浓了。

原来普列薄荷的花有香,而且是一种焦香味!

四

后来,又有一位朋友送了一小盆"猫薄荷"给臭咪。

"臭咪"其实并不臭。它虽然像多数猫咪一样,很不爱洗澡,但是舔自己舔得很勤,并没什么异味,所以"臭"是昵称。它是我家当时养的一只三花的小母猫。我有时拍了它的照片放到微博和微信上,于是它也有了一群粉丝。

臭咪有一次吃光了我一盆柠檬香蜂草,但对这盆"猫薄荷"并不真正感兴趣。(据说猫薄荷只对一半的猫有作用,另一半的猫则对它无动于衷。)于是它就成了我阳台上的一盆观赏植物。

这猫薄荷长得跟绿薄荷还真是很像,它的叶子也是长圆形的,只是没有薄荷的油亮,长叶脉的地方凹下去,所以有些皱皱的,揉碎它可以闻到类似薄荷的清香味。当时我也以为它是薄荷家族的一员。

过了段时间,它的枝条长得长长的,弯垂下去然后又抬起头来,在叶腋间和枝端长出一些花苞,开花了!

它的花是二唇形,漂亮的蓝紫色,比薄荷的花要大,也要稀疏些。

这时我想到,猫薄荷也许并不是一种薄荷。因为植物学家看植物之间的亲缘关系,并不是看叶子是否相像,而主要是看植物的生殖器官也就是花和果实。

我翻了两本书,果然发现薄荷是唇形科薄荷属的,而猫薄荷则是唇形科荆芥属的,其实它就是荆芥。所以它们虽然是有些亲戚关系,但还真是两种植物!

荆芥(学名Nepeta cataria,英文俗名叫catnip)的枝叶里面,有一种类似猫发情期的小便里含有的外激素,所以一部分猫闻了之后,就会进入酒醉般的迷狂状态。麦克·波兰(Michael Pollan)在他的《欲望植物学》(The Botany of Desire. Bloomsbury：London, 2003)一书中,就写了他的公猫弗兰克对猫薄荷的反应:"他会先嗅一下猫薄荷,用牙齿撕扯它的叶子,然后,好像是在一阵阵的性狂喜中,在地上打滚。"(第127页)

读《广群芳谱》,"薄荷"条引晋束皙《发蒙记》:"猫以薄荷为酒,谓饮之即醉也。"(《御定广群芳谱》,长春,吉林出版集团,2005年,第1935页)又引宋陆游的七言绝句《题画薄荷扇》:"薄荷花开蝶翅翻,风枝露叶弄秋妍。自怜不及狸奴黠,烂醉篱边不用钱。"因悟古人在这些地方写的,其实都是猫咪对荆芥的反应。陆游看到家里的猫咪(以前把家里养的猫称为"狸奴",现在倒好,反过来了,养猫人自称"猫奴")烂醉如泥般地躺倒在开花的"薄荷"(其实是荆芥也就是猫薄荷)旁,不由得心生羡慕,因为它不用花钱买酒,只用闻闻揉碎的叶子就能醉倒。古人缺乏科学的植物分类学知识,把这两种叶子和香气都很接近的植物当成是一种,也是很自然的。

五.

前几天我又发微信问那个女生,"你薄荷种得怎样了?"

她说,"不错。"并且她还一下子对香草发生了兴趣,除薄荷外,还种了罗勒、百里香、迷迭香等。

显然,她的状态是好多了。

周有光

旧扇记（外二篇）

自从人类发明了第一把扇子，人类的智慧就驾驭了徐徐的风，这阵阵清风给多少人带来了清爽，也成为了文人墨客手中的雅物珍赏。在中国扇子被赋予了太多的文化色彩与文人案牍的遐想，但是它早已失去了最初存在的意义，珍贵的折扇不再给人带来清凉。

拐棒胡同的一把老竹扇承载着太多记忆的微风，多少个夏夜里，张允和在这清风下进入梦乡。昔日张允和因为体弱，禁不起空调电扇的强风，每个夏夜里不开空调，我扇着这把老竹扇，她依偎在我的身旁。折扇可观赏，竹扇送清凉，尽管这竹扇远远不及折扇美观，但是有了这旧竹扇，给酷日带来了无尽的清凉。

拐棒胡同的老楼整修了，她们（注：指周老家的保姆）要扔掉我很多旧物与冗藏。历史在前进，老物不再被新人看上，我拼命挽救下这些她眼中的破烂，挽救的不是旧物，而是记忆与时光。允和走了，我焚祭给她心爱之物与文稿，残存的物件寄托了我唯一的精神希望。斯人已去，两三旧物润泽心房。

庄子说，寿则辱，人一老精神变得枯竭与悲凉，在她眼里一文不值的旧物,在我眼里都是生命最后的记忆与时光。精力不行了,也记不起太多事,通过这旧物拼接起记忆,用文稿嘱托友人保护好这些旧物与旧藏。

周有光时年111岁自撰书之。

张允和送的手表

张允和已经离开十多年了,她与晓禾、晓平都已去了天堂,留下的只有拐棒胡同的空房,以及饱含记忆的旧物。上帝不会忘记每一个人,活着的终将退化变老,只有物品承载着感情永久地传承下去。

我与允和走过了七十多年的路,饱经了人世的雨雪风霜,举杯齐眉令人无限向往。偶然翻出允和送我的上海手表,睹物思人,物是人非。手表虽小情意好,生命虽止,真情不息。观物思人,感慨万分,偶见三两旧物,足慰吾心矣。

周有光时年111岁。

锡炉记

偶见拐棒胡同旧物,乃是昔日友人相赠三足两耳、禽耳饰之清代小炉,案牍雅器,昔日张允和在世时曾将此炉当作笔筒,八十年代曾在书案之上,后该炉不知所踪,今夏得见,深感欣慰,旧物复归,心甚欢喜。

以前初搬入拐棒胡同宿舍,很多昔日的旧藏被张允和收起,也有

许多旧物不知所踪。时见三两旧物,回忆起往昔的岁月,感慨万千,作此打油小诗以记之:

三两旧物忆前缘,锡炉笔筒数百年。
遥想此生无憾事,只叹旧物未重现。
从来古时多余恨,人物岂能得两全。
多情相伴人不老,真心挚情冲云天。

以此自作小诗一首回忆昔日小小锡炉笔筒,并以小记祭之,以为文化人最崇高之敬礼,并借此旧物追忆允和。

岁在丙申年岁末。孙女常回国及老楼探视。自觉精力大不如前,每况愈下,恐老之将至,只得将我生命中最后的思想记忆作此杂记,愿留于后人存而不焚。

丙申年冬月于北京,周有光时年111岁于病中。

唐吉慧

时间的痕迹

我小心触摸着周有光先生生前这只上海牌手表,虽然它早已停止了转动。手表是上世纪七十年代张允和在北京前门商业大厦为周老购买的,四十年了,定格的那一分那一秒,不知珍藏了多少温暖的记忆。

周有光先生与张允和相识在苏州,两人差三岁,周老妹妹周俊人是张允和乐益女中的同学,张允和常常串门找周俊人玩儿,时日一久与周先生也相熟了。逢到假期,两家孩子结伴出游,从阊门到虎丘,从虎丘到东山,走过很多路,越过很多河,他们骑车,他们坐船,甚至骑驴。而他们相恋在宝山,张允和1927年、1928年在上海吴淞中国公学念书,1928年秋季一个星期天的吴淞江边,蓝蓝的天、甜甜的水、飘飘的人、软软的石头,才子佳人羞答答牵起手,从此欢欢乐乐、风风雨雨七十多年……2002年8月张允和心脏病突发,医生为她抢救时,周老守候在她的身旁,仍然握着她的手,他数着她的脉搏,直到她脆弱的身体失去最后一丝体温。

作为宝山人,我关注着和故乡相关的人与事,周有光、张允和与宝山的邂逅,涌起我内心的波澜,甚至骄傲。很感谢我的朋友老冯，让我读到了周老111岁高龄时写下的这些珍贵稿件。前两年朋友经老作家屠岸——屠老先生近一个月前也仙逝了——介绍认识了周有光先生，屠先生说，"周有光是我的表哥"，这让朋友大为意外。当他拿着屠先生的字条敲开周老家大门时，同样涌起了内心的波澜，可是眼前的老人平易和蔼极了，与他风声雨声读书声无声不闻，家事国事天下事无事不论。自此他成了周老家的常客，进而成为忘年交。周老信任这位比自己小了六十多岁的朋友，正是缘由他的建议，周老断断续续，用颤抖的笔触追忆张允和，于是有了《张允和送的手表》《旧扇记》《锡炉记》……张允和的去世曾给周老带来巨大的精神打击，慢慢地，隔了半年才恢复平稳，他对屠岸说："人的死亡，是为后来者腾出生存空间，使人类在世界上生生不息。"屠岸在给友人的信中谈到周老这句话，他称自己的表哥是人类第一"通人"，因为他的话勘破了生死的秘密，阐述了宇宙的规律："他的观点，是在生死观、人生观、宇宙观上对今天我们的最高启示，也是终极关怀。"但读了其手迹中诸如此类的文字："追忆与允和的过去，回忆起举杯齐眉的日子，满目孤独，满心感伤，无言以对，泪流千行。"我想十多年前周老未必真走出了悲痛，伤口太深太狠，或许他只是在努力捂住伤口而已，他写道："张允和已经成为了我生命中的一部分，虽已远去，依旧在我心间。"

  周老大半生起居平安，遇有大病小灾每每化危为夷，他说那是上帝把他给忘了——谁能想象九十多岁时的这位老者尚能骑着家中破旧的自行车去菜市场买菜。奈何世事白云苍狗，老病到底是欺人的，忽然有一天，周老不认识老冯了，意识变得模糊不清，有时将老冯视为同事，有时视为医生，有时又视为远房亲戚，同时生活不能完全自理。但让人惊讶的是,只要瞥见笔墨,只要笔蘸上墨,他立时进入另外一个世界,与他说任何一句话都不回应,自顾自伏在临窗的书案上默默地写、不停地写,中了蛊似的,水都不愿喝一口。老人每天精神好、能写字的时间大约两三小时,老冯去时如碰上周老写字,便在一旁静静坐着,不说一句话,待他写完一幅,为他递上一张新纸。偶尔写累了搁下笔望望窗外,融融暖日映在他沧桑的脸上,老冯说他目光冷漠、眼神深邃,像棵临风的古树,"我看得悲欣交集"。

  2017年1月14日,周老在度过自己112岁生日的第二天与世长辞,那几天老冯正逢出差,没有赶上见周老最后一面,他觉得很难过。这一晃,风吹过耳,一年转眼就过去了。一次次翻读这几页稿件,一次次体会着这位恂恂然的书生、温温然的长者笔下蕴藉的深情,尽管文词简单,尽管字迹没有张允和的四妹张充和写得优雅,甚至有点漫漶,有点芜杂,还有点唠叨,但有这深情足够了。这深情是痴念,是牵挂,是落寞,这深情更触动我的心灵,使我无法平静。"手表虽小情意好,生命虽止真情不息" ——时间终于留下了它的痕迹,这些痕迹足以感动任何一个人,吴淞江的防浪石堤、吴淞江的潮水也一定记得这两位九十年前在这里手牵手的年轻人。

辑五

刘晓蕾

贾政不是假正经

我读中学的时候,课本上节选了《宝玉挨打》。老师说:贾政打宝玉,是旧势力对新生力量的残酷镇压,集中体现了封建社会的父权。

近年有点心平气和了,再细读,发现这打人者,自己也又痛又泪简直是遍体鳞伤。而且,打宝玉也算事出有因——先是素无往来的忠顺王府来寻琪官,引出宝玉有"泡戏子"的嫌疑;再有金钏跳井死了,一向待下宽柔的贾府从未有过,贾环又趁机告黑状,说是宝玉强奸不遂,金钏才跳井……而贾政,气得面如金纸,"喘吁吁直挺挺地坐在椅子上,满面泪痕"。待宝玉一来,便如箭在弦上,不得不发,这"又狠又快"的板子,竟一气呵成了。

宝玉被打得气息奄奄,小衣上全是血痕。王夫人赶来大哭,贾政也泪如雨下。贾母颤巍巍地赶来,贾政又是赔笑,又是苦苦叩求认罪。

王国维根据叔本华的理论,把悲剧分为三种:一是由极恶之人制造的;一是盲目的命运;一是普通人在普通境遇下,出于自然的反应,却相互对立,彼此制造了灾祸。第三种悲剧是最彻底的。

这场家庭悲剧，无一人有罪。

贾政，不是坏人，只是一个气急了的父亲。高明的作家，不人为划分人性的等级，制造善恶的对立，而是体察每个人的不得已，对所有人心怀慈悲。

再看贾家别的父亲，暴力简直是居家必备。贾赦只因为贾琏没买成石呆子的古扇，又说贾雨村做事太缺德，却被贾赦打得破了相。在清虚观打醮，贾珍嫌贾蓉懒：我还没说热，他倒乘凉去了。喝命小厮去啐他，往他脸上吐口水。后来听赖嬷嬷说起，贾家父亲对儿子粗暴是祖传，除了打骂，贾珍的爷爷性格更是火上浇油，待儿子像"审贼"一样。

贾赦是蛮不讲理，贾珍是人格羞辱，相比之下，贾政对宝玉，就只是误会和隔阂了。

隔阂是必然的。传统的大家庭，父子不只是父子，背后还有坚硬的权力结构——三纲五常，父父子子，更有家国同构，不孝就是不忠，孝顺得好还可以做官。血缘亲情不再单纯，混杂了道德、习俗和制度，父亲有绝对权威，对儿子不仅有处置权，还有所有权。

权力让人傲慢。于是，神州大地，盛产严父。

宝玉去上学，要跟父亲辞行。贾政冷笑道："你如果再提'上学'两字，连我也羞死了。依我说，你竟玩的是正理。仔细站脏了我这地，靠脏了我的门！"幸亏有众清客圆场，两个年老的赶紧拉了宝玉出去，不然不知如何收场。

宝玉当然怕这样的贾政了。只要一听见"老爷叫宝玉！"他就两眼发黑，连林妹妹都顾不上了。

贾母深知这一点，她最疼宝玉。幸亏有她，不然宝玉的人生一定千疮百孔。曹公也深知这一点,第三十七回就让贾政点了学差,外出公干去了,直到第七十回才回来。而这两年多,正是宝玉和姐妹们最美好的年华,也是大观园最鼎盛的时期。这样的时光,父亲一定不能在身边。

不过,贾政虽然是严父,但其实他紧绷的脸,是有表演成分的。

大观园刚落成,贾政因私塾先生赞宝玉会对对联,有"歪才情",便命他跟来。这一回宝玉倒大放异彩。有意思的是贾政的表现,明明心里颇为赞许宝玉的"歪才情",却总是板起脸,不是训斥,就是棒喝。宝玉写出"绕堤柳借三篙翠,隔岸花分一脉香",贾政点头微笑,但接下来画风一转:"畜生,畜生,可谓'管窥蠡测'矣!"然后又命:再来一个。

你看,明明想炫耀自己的孩子,却要摆出一副臭脸。一路下来,倒是照见了这个严父的另外一面:其实,他不暴躁,就是古板了点,嘴硬了点,架子也端得足了点。

脸虽然臭,说话也不好听,但省亲别院所有的门牌匾额,几乎都用了宝玉的提议。在第七十六回,黛玉和湘云在凹晶馆联诗,说起凹晶馆和凸碧堂名字的由来,我们才知道,原来黛玉拟的名字,贾政也一字未改,都用了。

他也懂得欣赏宝黛的笔墨趣味,也曾夸奖宝钗博学,实非迂腐之人。

宝玉虽怕贾政,但对这个父亲,也不乏亲情和敬意。宝玉对黛玉发誓,说的是:我的心里,除了老太太、老爷、太太,第四个就是妹妹你了。即使贾政不在家,宝玉路过他的书房,也要下马致敬。

曹公是典型的中国作家,他写大家族的生活,写贾母、贾政和王夫人，下笔格外温润亲厚。中国式的家庭，既是伦理，也是情感依托，是可以提供情感庇护和安全的地方。西方文化中，"家"没有背负这样的负担。亚里士多德认为"家庭是人们为满足日常生活需要而建立的社会的基本形式"，强调的是功用，而非责任。

传统大家族里的父子关系，是一个过于庞大的话题，对当事人来说，这两个角色恐怕都不轻松。

也有人说，贾政是"假正经"，一个腐儒！他哪里是"假正经"？

他是"真正经"好吧！在贾家，他最正经，最明白，也最有克制力。

他的哥哥贾赦，袭了爵，一大把年纪"苍白胡子"，还要娶鸳鸯做小老婆，居然派邢夫人去说合。对子女也不负责，执意要把女儿迎春许给孙绍祖，贾母懒得管。只有贾政深恶孙家，知其非诗礼名族，劝过两次，可惜贾赦不听。

宁国府里的贾敬，索性到道观里炼丹，后来重金属中毒死相很难看。而贾珍无人管束，闹翻了天。儿媳秦可卿死后，他悲痛万分，要用无价之宝"樯木"装殓，贾政提醒他：此物恐非常人可享者，殓以上等杉木就可以了。但贾珍不听。

他们都在尽情挥霍。只有贾政最正常，也最憋屈。

贾珍是族长，袭爵的是贾赦，贾政居的只是员外郎，是虚职，又非正经科举出身。而且上有老母，下有"逆子"，贾赦对自己还满怀敌意，中秋节贾赦说"偏心"的笑话，这已经是当众表示不满了。

他又不能像他们那样，没脸没皮，放飞自我。

《红楼梦》一开始，他就是一个五十岁左右的中年人，意兴阑珊，人生乏味。他中规中矩，私生活毫无瑕疵。唯一让人不解的，是他似乎总在赵姨娘处歇卧，两人还拉家常，跟王夫人却很少说话。赵姨娘其人其事如此，让人很怀疑他的品位。不过，他也没什么选择，王夫人这块木头，比他还寡淡呢。赵姨娘虽是惹祸精，至少还有一股子奇异的活力。

那他日常的生活又是怎样的？不外派闲差的时候，就镇日与清客们应酬往来，贾雨村也经常拜访，他很喜欢，每次贾雨村前来，都要拉出宝玉来陪客，宝玉不胜其烦。修建大观园，他并不参与，书中说他"不惯俗务"，大概也不会。

一脸正经，专攻道德文章，无心事功，这就是儒家读书人了。儒家擅长描画理想和道德模范，喜大言，在事功方面却无甚心得，少建树，再加上对人性有过高的期待，显得过于务虚。所以庄子讽刺儒家，"明乎礼仪而陋于知人心"。

贾政的人生轨迹，书中说："近日贾政年迈，名利大灰，然起初天性也是个诗酒放诞之人，因在子侄辈中，少不得规以正路。"这实在是我们最熟悉的人——沿着前人的老路，捧着圣贤书，目光笔直，不怀疑，不恐惧，一路走下去。然后人到中年，一事无成，再告诫孩子："什么《诗经》，古文，一概不用虚应故事。只是先把《四书》一气讲明背熟，是最要紧的！"

这是中年的哀歌，也是规矩人的哀歌。

上元节大家做灯谜，他做的是："身自端方，体自坚硬。虽不能言，有言必应"，谜底是砚台，正合他自己的样子。他也想活泼一下，讲了一个笑话，是一个妻管严回家迟了，被罚舔老婆的脚。又是怕老婆，又是喝洗脚水，这笑话其实是有点恶趣味的。何况贾母、王夫人、邢夫人，以及姑娘们都在一旁。

这让我想起西门庆装风雅。那天,西门庆招待蔡御史,悄悄安排了两个妓女。西门庆笑曰:"与昔日东山之游,又何异乎?"蔡曰:"恐我不如安石之才,而君有王右军之高致也。"这太吓人了,谢安和王羲之会死不瞑目的。

无趣的人玩幽默,恶俗的人装风雅,都是事故现场。

有人说,贾政年轻时也是"诗酒放诞之人",就是宝玉,而宝玉长大了,会成为贾政。大观园终会烟消云散,每个人也都要告别青春,走向灰暗的中年。所以,黛玉也会长成宝钗。

说这话的人,你确定自己了解宝玉、黛玉?

写诗、葬花、读禁书,爱上宝玉的黛玉,不会主动搬离大观园,也不会写"好风凭借力,送我上青云"。同理,宝钗也写不出《题帕三绝》,写不出"半卷湘帘半掩门";对女儿情深义重,被警幻仙姑称为"意淫",说"女儿是水做的骨肉"的宝玉,即使老了残了,也爱过,活过,心中自有玫瑰,不会成为贾政。

你可以相信现实逻辑无比强大,但请不要为宝黛代言。成为宝钗的黛玉,成为贾政的宝玉,压根就不是黛玉和宝玉。

宝玉之所以是宝玉,不是因为他诗酒放诞,青春年少,而是因为他的爱与温柔,因为他的"意淫",以及在所有美好面前低下头来的谦卑,这是他的生命哲学。他说:文死谏武死战,最沽名钓誉,看透了道德的把戏和历史的虚妄。他也最懂得黛玉的诗意和孤独,听见黛玉"一朝春尽红颜老,花落人亡两不知",他恸倒在山坡之上,这是对死的观照,对生的觉解。

《红楼梦》是一面镜子,有人看见了生活,有人看见了命运,也有人看见了超越自身局限的可能。

那"通关密语"

加缪有一部小说叫《卡利古拉》。卡利古拉跟一个人聊天,那个人选择顺从这个世界的逻辑,认为应该维护它,粉饰它,并为这个世界辩护。但卡利古拉受不了,他觉得这个世界充满了奇怪的味道,他觉得"恶心"。这里面有他的清醒。

而我们大部分人,跟贾政一样,都是"那个人",选择了默默顺从,深信不疑。

宝玉永远成不了贾政。贾政也永远不可能理解宝玉。

宝玉写《姽婳词》。贾政先是嫌第一句粗鄙,他和众清客一样,只会计较辞藻和叙事,关心用字用句。而宝玉写的:"何事文武立朝纲,不及闺中林四娘!我为四娘长太息,歌成馀意尚彷徨",这里面的愤怒、同情与惋惜,他并不懂。

贾政其实是后四十回的甄宝玉。他也曾和宝玉一样,后来却深悔年少轻狂,而把显亲扬名视为正业,并称以前的自己是"迂想痴情"。

每个人心中都有一座大观园。大观园终将崩塌,是悲剧。遗忘她,否定她,则是更深的悲剧。

那天,众人在一起过元宵节。他看小辈们出的灯谜,元春是"炮仗",迎春是"算盘",探春是"风筝",惜春却是"佛前海灯"。他觉得,怎么都是不祥之物呢,倍觉烦闷,大有悲戚之状。大厦将倾,别人还在醉生梦死,他却从灯谜看出谶语,然而,却又无能为力。

曹公写贾府之衰落,福克纳也写美国南方世家之崩坏,异曲同工。但福克纳笔下的父亲,往往是暴君,是家族崩溃的重要因素。《押沙龙!押沙龙!》里的父亲,托马斯·斯特潘就是。他的暴虐令人闻风丧胆,在亲人眼里,他是一个"天堂不会收留地狱不敢收留"的人。

贾政却是一个好人。

正因为如此,这大厦倾覆树倒猢狲散的大悲剧,于他,显得格外悲凉。他主动告别过去,死过一次,也没换来好结局。最后"白茫茫大地真干净",宝玉还有爱与美的记忆,而他,却空空如也。这真是一个悲哀的故事。

陈大康

荣国府里的总管房

荣国府设置了不少管理机构，它们随情节散见于各处，往往易被忽略，但府内生活的秩序与节奏全赖于它们的各司其职。

中秋家宴时，黛玉与湘云离席吟诗，带走了茶杯，管理者收拾时发现缺数就很紧张，因为即使打碎了也得"拿了磁瓦去交收"。古董房发现放在贾母房中蜡油冻的佛手不见了，两次报告贾琏要求查找，贾琏询问鸳鸯，才知已转给王熙凤，再查问，才知早已知会古董房，是"他们发昏，没记上"。宝玉想吃小荷叶儿小莲蓬儿的汤，做汤的模具却不知在哪里。王熙凤派人问厨房，回复"都交上来了"，又"遣人去问管茶房的，也不曾收"，最后"还是管金银器皿的送了来"，原来那模具是银制品，该归他们管。

模具事件是特例。在一般情况下，事涉各机构时由总管房负责调度，它又名总理房，负责指挥各管理机构处理各种事务，这是保证荣国府生活有序的中枢所在。如戏房因老太妃死了奉旨撤销，就得"说与总理房"办理：戏房所在梨香院"凡一应物件，查清注册收明，派人上夜"；同时"每教习给银八两，令其自便"，而唱戏的女孩子，愿回者须通知家长领回，发给遣散费，愿留者分至各房，系列转为在编丫鬟，并享受月钱、服装等相应待遇。一系列操作涉及账房、银库、库房等各机构，须由总管房调度。它负责的范围很广，甚至包括请大夫给丫鬟看病这类芥豆小事：派人请大夫；令"管事的头脑"带进大夫时，令"各处丫鬟回避"；开药方后到药房领药，若府内没有，得派买办外出购买，需要账房上账、银库支银子，医生报酬也由总管房打理。事虽小，但牵一发动全身。主子自己直接办事也可以，但无法动用"官中的钱"。因为"这大夫又不是告诉总管房请来的"，晴雯看病就是宝玉自掏腰包。又如厨房办理众人伙食，米、菜与钱等都要按各人"分例"到"总管房里支去"，超出就概不认账，探春与宝钗想吃个油盐炒枸杞芽儿，就得"现打发个姐儿拿着五百钱"交给厨房。

荣国府实行供给制，各人每月又按级别领取月钱，加菜是制度外开支，就得用月钱支付。宝玉曾埋怨家里"虽然有钱，又不由我使"，其实就是管理家务的贾琏夫妇，也只能动用自己掌管的经费。为筹办贾母八十大寿，他们掌管的银钱都使了，但还得应付几家红白大事，只好央求鸳鸯弄些贾母的金银家伙去当钱。此时银库并未枯竭，"也还有人手里管得起千数两银子的"，但贾琏无法挪借。府内各开支都有预算，专款专用。如账房按预算发放月钱，这涉及所有人的利益，谁敢挪用？每日新鲜蔬菜等得现买，厨房掌管的钱也挪用不得，其他机构的情况同样如此。贾琏向鸳鸯告贷，却说要等到年底得了银子才"赎了交还"，这证实收支预算确定后轻易不变动，须等年末收租重订预算后方能归还。制定预算、分配各机构经费的是总管房，它按祖宗"旧例"操办，遇到具体问题还得召集各机构负责人会商，有次宝玉就看到银库总领吴新登、粮仓头目戴良与买办房的钱华等管家"从帐房里出来"。

总管房权柄甚重,主子自然是将最信任的且管理经验丰富的人安排在这个岗位上。作品有几处透露了总管房供职人员:大观园赌局案爆发,王熙凤命人速传"总理家事四个媳妇到来",这是总管房的女性成员;作者又通过请贾母吃年酒的名单,交代了不得随意进入二门的男性成员:正月十八日到二十二日,依次是赖大、赖升、林之孝、单大良与吴新登,除赖升是宁国府总管,余者都是荣国府的大管家,它正与"总理家事四个媳妇"相对应。这名单与情节发展无涉,似是赘笔,曹雪芹却郑重其事写上,读者由此得知总管房的组成,那就是赖大、林之孝、单大良与吴新登四对夫妇。

总管房头号总管是赖大,他统筹全局,直接负责大事与要事。高层会议元春省亲事时,都是他在策划安排,贾赦与贾政对具体事务都懵懂不知,而管理家务的贾琏与王熙凤只是在家中坐等传达。建造大观园时,贾政"不惯于俗务",贾赦"只在家高卧"听取汇报,工程总指挥实际上就是赖大。老太妃死了,贾母、王夫人诸人都入朝随祭,两个月间留守总负责又是赖大。贾母有事会"唤进赖大来细问端的",贾政听说有人跳井,第一反应是传唤赖大问话,管家层中只有他可直接向高层主子汇报。主子信任"熬了两三辈子"的赖家的忠心与才干,也给予很高礼遇。赖嬷嬷在贾母前可以入座,王熙凤等人却"只管地下站着"。王熙凤想将周瑞的儿子开革出府,赖嬷嬷一句"仍旧留着才是",便使她收回了成命。宝玉遇见赖大得"忙笼住马,意欲下来",最后是"在镫上站起来"表示尊重。更小一辈的贾蔷遇见赖大,还得恭恭敬敬地叫一声"赖爷爷"。

林之孝夫妇位列第二。林之孝主管账房,并"收管各处房田事务",其媳妇负责大观园事务。他们掌管要害部门,众人对账房更得打点孝敬,否则就得等"剥一层皮"。贾琏夫妇是他们的直接领导,关系密切已超越正常范围。林之孝家的长于王熙凤,却认她为干妈,双方借此都有利可图。鲍二因妻子与贾琏通奸事发自杀而得到二百两银子补偿,贾琏自己没付钱,而是"命林之孝将那二百银子入在流年帐上,分别添补开销过去",这是账房主管在帮主子侵吞"官中的钱"。账房负责会计,作弊得有银库相助,其总管吴新登也是总管房成员,他只在第八回里出现过,而其媳妇主要出现于第五十五回。她是王熙凤的心腹,常"献勤说出许多主意,又查出许多旧例来任凤姐儿拣择施行",却有意刁难代理家务的探春。从未现身的单大良估计是分管二门外诸机构,而作品故事主要发生于二门内,其媳妇也只出现过两次:带医生进园的"两个管事的头脑"是"吴大娘和单大娘";宝玉发病后,又是"林之孝家的单大良家的"同来探望。身为"管事的头脑",又与林之孝家的或吴新登家的同进出,其身份显而易见。书中经常赖、林并称,但他们地位并不相同:事关全局时,荣国府高层给赖大夫妇下达指示,他们安排整个管家层实施,平时则按常规制度调度;或者贾母等人就具体事务指示贾琏夫妇,由林之孝夫妇协助操办。荣国府人多事杂却运转基本不乱,这样的管理结构应是其保障之一。

这四对大管家请贾母吃年酒,显示出雄厚的财力。贾母出动,王夫人、王熙凤、宝玉与众姊妹及其贴身丫鬟多半会跟从,邀请者非得有宽敞气派的府第不可。有次贾母等人来到赖大家自称的"破花园",发现它竟有大观园一半大,"十分齐整宽阔,泉石林木,楼阁亭轩,也有好几处惊人骇目的"。贾府为元春省亲与建造大观园几乎耗尽财力,而土地是府内划出还无须购买,如今赖大家居然造出座花园,难怪贾母要说那几个大管家"都是财主"。于是一个问题油然而生:他们的钱是从哪里来的?

府内一般奴仆的生活极为贫困,晴雯哥哥的家可谓典型,而赖大等人手中有权,便造成了另一番景象。探春愤愤地说:"这一年间管什么的,主子有一全分,他们就得半分。这是家里的旧例",而"别的偷着的在外"。"旧例"是祖宗定下的章程,如果大管家所得是最高级别主子的一半,那每月月钱就有十两银子,节例与年例又不是小数,还有衣物、首饰等物品的发放,伙食又全由"官中"供给,一年进账数确实相当可观。不过靠常规性收入造不起楼阁亭轩,做不到家中奴仆丫鬟环绕,其更大收入应来自"别的偷着的"。林之孝曾帮贾琏作弊,平时也完全可以伙同银库、买办干此勾当。又如买办房每月按正品价格支取银两,买来的头油脂粉却"使不得",买办从中渔利,当然也得打点账房与银库,以及孝敬大管家方能顺利报账。再如购买奴隶的权限在赖大夫妇手中,其间赚些好处也是太容易的事。修建大观园更是大工程,楼房厦厅由谁建造,花草树木向谁购买,让谁去种;需要购买的物品更是琳琅满目,该派谁去采购,又该向哪家买?贾赦与贾政都不管具体事务,众多商家与修建者就会争先恐后地向赖大、林之孝等人谋得承包业务,府内众人为争得小差使也会自觉送礼。脂砚斋解释吴新登命名时云:"盖云无星戥也",即秤竿上没有秤星,这是对银库混乱的喻指,其实各个机构情形都是如此,主子清楚"需用过费,滥支冒领"之类弊病,却又无可奈何。

管家们有钱,但又是没有人身自由的奴才。在封建社会晚期,市民阶层正在崛起,他们还依仗富有谋求政治上发展,以攫取更大利益。总管房大管家们的富有以及为扩张利益奋起的精神与之相类,可是受到了奴隶身份的束缚,一旦摆脱这桎梏,就可以凭借财富在社会上大显身手。脱籍已成管家们最大企望,而主子只让赖大儿子赖尚荣脱籍成为自由人,后来还推选他为州官,这当然为了扩大自己的政治势力。

赖大尽可心满意足,林之孝则受到莫大刺激,其女儿小红仍是奴隶须当差服役,在怡红院还常受晴雯等大丫鬟欺负。荣国府经济颓势越来越明显时,林之孝认为时机已到,便建议让"出过力的老家人"脱籍,"开恩放几家出去",理由是成为自由人后不再领取府内供给,"一年也省些口粮月钱";他们本来就"各有营运",日后生计也无须担心,如赖大花园的产出就在市面上销售。林之孝既是"世代的旧仆",又是大管家,只要建议被批准,他自然就有机会。

此建议如泥牛入海,此后林之孝也不见踪影,他媳妇也一起消失了。以往每逢家宴,总可看到林之孝家的在忙前忙后,可是后来中秋家宴上,作者对她只字不提。抄检大观园是书中最重要篇章之一,王夫人组织抄检队伍时,除邢夫人陪房王善保家的外,其余都是她与王熙凤从王家带来的心腹嫡系,园内事务总负责人林之孝家的却被排斥在外。这对夫妇原先出现频率甚高,此时作者以"不书"方式写出了他们的失势。其中原因很多,大观园赌局案必定会使之受牵连,擅自委任秦显家的掌管大观园厨房也会引起主子的不快,而提出"脱籍"估计是犯了大忌,须知奴隶制正是荣国府立家之根本。

那"通关密语" 204

主子离不开总管房，赋予那些大管家很大权力，可以容忍他们某些懈怠或欺瞒，对其揩油以自肥也可以佯作不知，但离心离德的倾向绝不允许出现，可是当荣国府的经济下滑不可逆转时，这种倾向已不可避免，总管房的管理也渐显疲相。其后情况会如何，这只能由读者自己估测了，因为曹雪芹只写到第八十回，而后四十回的续书似压根不知这管理中枢的存在。

张定浩

鸡既鸣矣

1

诗三百中,有三处提到鸡鸣,都在国风里,其中郑风有二,齐风有一,都和男女有关。

> 鸡既鸣矣,朝既盈矣。匪鸡则鸣,苍蝇之声。
> 东方明矣,朝既昌矣。匪东方则明,月出之光。
> 虫飞薨薨,甘与子同梦。会且归矣,无庶予子憎。
> ——《齐风·鸡鸣》

> 女曰鸡鸣,士曰昧旦。子兴视夜,明星有烂。将翱将翔,弋凫与雁。
> 弋言加之,与子宜之。宜言饮酒,与子偕老。琴瑟在御,莫不静好。
> 知子之来之,杂佩以赠之。知子之顺之,杂佩以问之。知子之好之,杂佩以报之。
> ——《郑风·女曰鸡鸣》

> 风雨凄凄,鸡鸣喈喈,既见君子。云胡不夷?

> 风雨潇潇,鸡鸣胶胶。既见君子,云胡不瘳?
> 风雨如晦,鸡鸣不已。既见君子,云胡不喜?
>
> ——《郑风·风雨》

鸡鸣是时。最初的时,无关历史,只是生物对自然的感应。顾炎武《日知录》有"古无一日分为十二时"条:"古无所谓时。凡言时若尧典之四时,左氏传之三时,皆谓春夏秋冬也。自汉以下,历法渐密,于是以一日分为十二时。"汉代历法十二时辰中有"鸡鸣",为丑时,约凌晨一点到三点,也有"昧旦",即平旦或昧爽,为寅时,约三点到五点。而在诗经的时代,鸡鸣尚且还是一个模糊的时段,随地理和季节都有差异,但不妨碍它已是夜与昼交接的标志,这时候应该起床了。古中国人平常的一天,无论东西南北,春秋冬夏,无论高低贵贱,都是从鸡鸣开始,就这一点来讲,它又是极其精确的。

《礼记·内则》:"凡内外,鸡初鸣,咸盥漱,衣服,敛枕簟,洒扫室、堂及庭,布席,各从其事。"

此刻天色自然还是漆黑的,但已经不再是夜晚积聚愈深的黑,而是新的一天被鸡鸣声搅散,又杂入人的各式声响,洗漱、穿衣、清理床铺、打扫房间,这些事情都需要时间,等到人把自己和居所都收拾干净,天色也跟着一点点明亮起来。早起的人大多都能体会到这种同步感,并从中感觉到莫名的振奋与安稳,仿佛自己参与了星辰的运转。

禅宗有诗云:"五更清早起,更有早行人。"这早行人并非凌空虚设,就在鸡鸣而起的古典世界里。

孟子讲,有两种人乐于"鸡鸣而起",一种孳孳为善者,舜之徒也；另一种孳孳为利者，跖之徒也。这从反面倒也证实了鸡鸣而起的艰难，因为世间绝大多数人总是非舜非跖，就是贪恋床榻的平常男女。

2

《鸡鸣》，旧解多设为贤妃劝诫君王早朝的对答之辞，今人也有认为未必非要是君与妃，也可以是士与女。女子说，鸡叫了，朝会上的人已经都到了；男子推诿说，不是鸡叫，是苍蝇嗡嗡。过了一会，女子又说，东方亮了，朝会上的人已经满了；男子又推诿说，那不是日光，是升起的月光。这里的推诿之辞有趣，因为毫无道理，像是在梦中说话，同时还带了一点娇纵。"虫飞薨薨"，天光更亮了，镜头从屋外的远景拉至室内，拉至床榻，群虫飞动的声音更衬出晨曦的静谧，那女子突然却似乎放弃了劝醒之责，她说，"甘与子同梦"。

这情话动人，果敢，千载之下仍令人震动，却也惊醒了男子。因为，若是再赖床的话就真没有人管了。起先的耽延，实则是一种安心，知道身旁有人是清醒的，比自己更关心自己，如今他倒是不安了，因为对方已欲将一切交付与他，即便他是错的，在梦中胡说，她也打算同他一起犯错，一同入梦。

"无庶予子憎。"这一句是全诗最难解处，一向聚讼纷纭，清人俞樾《茶香室经说》专有"无庶予子憎"一条，称其"文义难晓"。若是将历代各种解释加以罗列，至少有十余种，涉及对"庶"和"予"的不同理解，以及整个第三章节的说话人称归属，在此不必一一赘述。我倒是觉得其实马瑞辰讲得很清楚，庶，幸也，无庶，就是庶无的倒装，"希望不要"的意思，予，不是"我"的意思，而是"与"的古今通假字,即"给予",这些训诂在三百篇里都可以找到旁证。当然,单就字义而言,其他训诂亦皆有旁证,如此就要再从句法和感情层面去验证,因为,这是诗。

"会且归矣,无庶予子憎。"这句话就是男子对女子"甘与子同梦"的回答,"我去去就来,希望不要给你憎厌",正相应毛传"无见恶于夫人"的解释。"无庶予子憎",是对"甘与子同梦"的于意思、句法和韵脚三个层面的完美应和,其中"无庶"对"甘","憎"对"梦",你既然已将自己交付于我,那么我的行事就要对得起你的交付,这是人与人之间最自然也最深的情感激荡,一句至情言语,有它胜过鸡鸣与日光的力量,这男子起身赴早朝去了。

毛传最古,它的说教成分虽多被后人讥刺,但它的字句注释,因为去古不远,可信程度其实更高。因此,对于诗经文句的解释,如无特别强有力的证据,在文句歧义丛生处,若是毛传可以讲得通,不妨从之,这是其一;其二,古人情思虽深婉,言辞却质朴,因此在诗的结构章法的解释上也以从简易不从繁难为善。

落实到这首《鸡鸣》,对答联句体的说法虽渐为今人所认可(参《管锥篇·桑中》:"人读长短句时,了然于扑朔迷离之辞,而读三百篇时,浑忘有揣度替代之法"),谁问谁答却依旧从无定论,尤其对于末章,有认为全为男子所言,也有认为全为女子所言,还有认为是男先女后,理由是提到朝会的部分都应当是女方。倘若依照从简的原则,径直认为末章句法与前两章无异,都是前两句女子语,后两句为男子语,如上文所言,其实,这诗的意思,反倒是更深了一些。

王夫之于此处解得其好,"诗达情,非达欲也……达人之情,必先自达其情",这晨光中的男女,他们的沉溺与振拔,都是情意。

3

《女曰鸡鸣》，起章二句有与《鸡鸣》相似处，都是女子催男子起床，男子的拖延方式又与《鸡鸣》不同，他不是抵赖狡辩，而是说，让我再睡一会，到"昧旦"时分再起。但接下来麻烦的，依旧是人称的归属。

自欧阳修《诗本义》之后，多认为"子兴视夜"以下及二、三章全为女子勉励丈夫的话。方玉润《诗经原始》概括的明晰："观其词义，'子兴视夜'以下，皆妇人之词。首章勉夫以勤劳，次章宜家以和乐，三章则佐夫以亲贤乐善而成其德。"这都是将第三章"知子之来之，杂佩以赠之"以下，视为女子对丈夫亲朋好友的待客之道。然而，杂佩（小件玉石饰品）乃私物，士人之间和男女之间相赠虽属常礼，但女子轻易以之相赠外人，其理似有未安（参《礼记·内则》："子妇无私货，无私蓄，无私器，不敢私假，不敢私与"）。因此，后来清代于鬯《香草校书》遂用媵妾替代宾客友朋，认为诗中所述燕乐场景，并非和宾朋，而是和妻妾，末章是妻子赠佩给媵妾。这当然有臆测之嫌，却说明通行说法中仍有让人存疑的地方。

在赠佩之外，还有"琴瑟在御，莫不静好"二句的疑惑。张尔岐《蒿庵闲话》认为这两句"若作女子口中语，似觉少味，盖诗人一面叙述，一面点缀，大类后世弦索曲子"，后来钱锺书、陈子展等人都听从他的意见，认为这两句是诗人的旁白。

又有一种说法，认为末章的说话人是新婚的男子（闻一多，程俊英）。闻一多更是认为自"士曰昧旦"之下皆为男子所言，但这说法不能解释"与子宜之"，这显然出自女性的烹饪行为，宜者，肴也。所以程俊英又稍作改动，认为"子兴视夜、明星有烂"是女子语，"将翱将翱,弋凫与雁"是男子语;随后第二章前四句为女子对男子所言,后两句"琴瑟在御,莫不静好"是旁白;第三章则全为男子对女子所言。这种解释,除去了赠佩的疑问,也照顾到"琴瑟"二句的味道,于情理上已经很周到,可是在人称的句法转换上,实在又有些随意和混乱。

诗经的格律颇严密,以至于后世治音韵学者时常径直借助诗经韵脚来推测某个字的古音,这是对于诗的信任。然而格律不单是韵脚,句法也是诗词格律的一部分,在诗意不明的时候,不妨也把句法考虑进去,如前一首《鸡鸣》里"无庶予子憎"虽然难解,与"甘与子同梦"一对应,就显得没那么复杂了。

"女曰鸡鸣,士曰昧旦。"这在三百篇中罕见的附加两个第三人称代词的直接引语起句,或者也是对全诗句法的暗示——一首整饬有序的男女对答诗,只不过接下来的对句均省略了女曰和士曰,就好像小说里的两人对话,只要一开始注明了谁说谁应,接下来你一句我一句,即便没有句句都注明说话人是谁,我们读的人通常也不会搞错。此外,第二章末句"琴瑟在御,莫不静好",既是觉得作旁白解更好,那么从工整的角度,不如将每一章的末句都当作旁白,看看会是什么效果。

    女曰鸡鸣,士曰昧旦。(女曰)子兴视夜,(男曰)明星有烂。(旁白)将翱将翔,弋凫与雁。

    (女曰)弋言加之,与子宜之。(男曰)宜言饮酒,与子偕老。(旁白)琴瑟在御,莫不静好。

    (女曰)知子之来之,杂佩以赠之。(男曰)知子之顺之,杂佩以问之。(旁白)知子之好之,杂佩以报之。

不妨再意译成松散的现代诗,整个调性是明朗且庄重的,如诗中所说的"莫不静好":

> 她说鸡鸣应当起床,他说且睡到昧旦。她说你起来看看天色,他说果然启明星已经灿烂。他们随即起身,且步且行,猎取水鸟和大雁。
>
> 她说你打中了猎物,我给你做成佳肴。他说这佳肴适合佐酒,与你对饮到老。他们弹琴鼓瑟,安静美好。
>
> 她说知道你必定到来,送你这佩玉。他说知道你必定和顺,我的佩玉也送你。他们都知道对方必定是好的,交换佩玉作为信物。

这里面还有几处可以作补充的解释。一处是"将翱将翔",前人或以为是描述男子打猎的行为,或以为形容飞鸟。但郑风中还有一首《有女同车》,就在《女曰鸡鸣》之后,"有女同车,颜如舜华。将翱将翔,佩玉琼琚",可见"将翱将翔"分明可以用来描述女子。另一处是末章的"来之""顺之"和"好之",前人多将"之"字做代词,解为使动用法,故有宾客之说,至于闻一多《风诗类钞》弃绝宾客之说,遂认为这三个"之"字是语助词,但语助词的辅助效果为何,也语焉不详。考郑玄将"知子之来之"笺注为"我若知子之必来",这里的"来之""顺之""好之",不妨都视为一种强调,是热恋中的男女对于彼此的信念。

4

关于《鸡鸣》和《女曰鸡鸣》中描绘的情景,钱锺书《管锥编》于此处又举诸多后世诗文为例,如六朝乐府《乌夜啼》:"可怜乌臼鸟,强言知天曙,无故三更啼,欢子冒暗去";《读曲歌》:"打杀长鸣鸡,弹去乌臼鸟,愿得连暝不复曙,一年都一晓";徐陵《乌栖曲》之二:"绣帐罗帏隐灯烛,一夜千年犹不足,惟憎无赖汝南鸡,天河未落犹争啼",等等,认为这些都是"《三百篇》中此二诗之遗意",这里的"遗意"两个字,深得诗学三昧。

概而言之,诗言志,诗达情,人的情志有其恒常之处,可超越时代、国族和意识形态的差异,是为《谈艺录》所谓"东海西海,心理攸同",然一时空又有一时空之特殊磁场,人的具体生命不得不受其影响和限制,其情志有恒常,亦有流变,是为《文心雕龙》所谓"时运交移,质文代变"。在《鸡鸣》和《女曰鸡鸣》中,鸡鸣而起是人所公认的常理,是"天行健,君子以自强不息"的哲人认知化作百姓习俗。在这样的背景衬托下,短暂的床褥流连所衬照出的,是真实的人情,以及对日光下劳作与欢愉的期许,鸡鸣虽惊扰了好梦,但也唤出了新的一天;而到了南朝民歌之后,女促男起床的古典日常,被悄然缩减成"女子憎鸡叫旦"的儿女私情,刚健转为柔弱,对于新的一天的种种期许,也转化成对将逝夜晚的百般留恋。这里面当然还是在用诗经的典故,却只是"遗意"。而新文化运动之后,现代人解古诗最容易犯的错误,正是每每以今解古,将遗意视为本意。

刘大白《白屋说诗》,举李商隐"为有云屏无限娇,凤城寒尽怕春宵。无端嫁得金龟婿,辜负香衾事早朝",以此解《鸡鸣》篇,认为"这是一位官太太在五更头想她上朝去的丈夫,希望他早点回来,再合她一同睡觉","她渴盼她的丈夫回来,有点神经错乱,发生错觉了。她听到苍蝇声,以为鸡儿在叫了",我想这里面真正发生错觉的,不是诗中的女子,而是解说诗歌的人。

5

鸡鸣是知时,亦是守时。日出日落,斗转星移,逝者如斯夫不舍昼夜,其中自有不变者存。这种不变,从天地、社会落实到男女的人身,遂呈现为《鸡鸣》中"会且归矣"的不忍分离,呈现为《女曰鸡鸣》中"与子偕老"的朝暮厮守,而在《风雨》中,是"既见君子"时的纯然欢喜。

这首《风雨》,于诗意和字句层面,简劲平实,一唱三叹,堪可涵泳,无需多言。值得再说几句的,是这里的"既见"之喜,虽出自两人之间,一室之内,但其带来的慰藉,却足以穿越时空,让孤独者不再孤独。后世仁人志士,于国族危难时不惧不避,卷怀寂处时澹然自守,而鼓舞他们如此立身行道的,正是风雨中的鸡鸣之思和既见之喜,那君子既然曾经有人见过,此刻就必再有。

顾炎武《日知录》:"吾观三代以下,世衰道微,弃礼义,捐廉耻,非一朝一夕之故。然而松柏后凋于岁寒,鸡鸣不已于风雨,彼昏之日,固未尝无独醒之人也。"

那独醒之人,"顾看空室中,仿佛想姿形",而中国的诗歌,从来就不是什么向着未来的文字幻梦,而是过往人世不可被磨灭的记录,是道成了肉身,住在我们中间。

舒飞廉

又想起严凤英的《打猪草》

习习春风里,小麦翡翠绿,油菜黄金黄,田埂上青蛙与癞蛤蟆出洞晒背,快去试试嗓子被冬雪冻坏没有?这时候,你想去田野里挖荠菜,春服既成,何其风雅,仿佛重新回到童年。可是我们的童年,挖荠菜只是副业,这时候真正的工作,其实是打猪草。父亲由金神庙集挑回来两只"几还债"的小猪,活蹦乱跳真可爱,挨了劁猪匠一刀后,又好可怜,得吃好喝好,吃糠咽菜,快快长膘。我们放学回家,先做作业?不,母亲的指令是马上去野畈里,挑一筐猪草回来,听话的姐姐当然是二话不说,放下书包,拉着我就往村外跑。

为什么是"挑",因为塘陂上、田埂下、麦田中,野菜野草不计其数,种类繁多,小猪能吃、愿吃、爱吃的,也就那么几种,这个跟我们人一样,白菜萝卜苋菜茄子韭菜冬瓜南瓜,能拈上筷子的蔬菜又有多少,《救荒本草》上的那些"野菜",苦涩粗粝,其实都得皱着眉头,才咽得下去,天天吃,试试看?如何将"猪草"由野草中"挑"出来,姐姐比我年长两岁,经验自然也长乎吾,我听她的。首选是"猪耳朵",抓住地,一小簇一小簇,淡绿色,叶片细细茸茸,有一点像马齿苋刚破土的样子。猪耳朵的意思,大约是指得用手揪着它,像小学老师揪我们的耳朵,然后用小刀剔断根。上次我回老家,在一块喜鹊挥着翅膀散步的抛荒地里,看到成片的"猪耳朵",由无意识里涌现出来的喜悦之情,油然而生,我用手机上的"形色"app去分辨,确认它的确就是《诗经》上讲的卷耳。"采采卷耳,不盈顷筐",女人在田野上一边挑菜,一边心猿意马,想念羁旅他乡的男人,这是《诗经》里最美的情话之一。这片田野所在的"周南",也就是我们日下居住的江汉平原。女人采采卷耳,大概也是要回去供养家里嗷嗷跳跟的猪娃吧,之所以"不盈顷筐",很难装满一篮子,除了相思病妨碍了她的劳作,另外的原因,大概是三月初揪起来的卷耳,实在是太过细微,千百株才能铺垫好篮子,这样采摘的耐心,我没有,现在在孝感工业园区流水线上装配电子元件的姐姐,她有的。

  卷耳之外,锯锯藤也是可以的,我看到有的本草书上,将它叫做"猪秧秧",意思是猪吃了会生病,这大概是指四五月份,已经长到一尺来长,能够被我们用来"斗草"的锯锯藤,已生出糙手的毛刺,会伤害到小猪娇嫩的胃。可是,三月刚刚由霜雪里钻出来的锯锯藤,柔软得像婴儿的胎发,像还没有穿上灰褐马甲的小鸡小鸭,我们都愿意塞几根到嘴里嚼出青绿草汁,小猪们何尝又会婉拒?麦田里的野豌豆苗也是受欢迎的,麦子刚刚开始拔节,攀援其中的野豌豆藤也没有挂出淡紫的小花与小刀似的豆荚,它们的学名,是《诗经》里的另外一种大名鼎鼎的植物:薇。采薇采薇,薇亦柔止,叔齐采首阳薇回茅庐孝敬兄长伯夷,我们是扯回家献给猪娃。我喜欢扯野豌豆藤,但是姐姐不太同意,我知道,她是有一点心疼这些还没有挂上豆荚的家伙,等到清明节后,它们结出豆荚,鼓出来肚子,野豌豆荚用瓦罐煨出来,多好吃!其他像蒲公英、车前子、马鞭草、商陆……我也认识,我可不敢随便往篮子里放,一旦被姐姐发现,疾言厉色一顿骂,是免不了的,好像几株车前子与蒲公英,都会像老鼠药似的,让小猪吃了躺在地上弹腿哎。偷偷扯一点白菜萝卜秧子回去?一个球包菜够这两个小崽子啃一下午的,这样苟且的想法我也有过,只是心里会想,就像我们吃米面,猪吃糠麸一样,人与猪的食物大概是由上天做了分工的,如果猪不小心吃到白菜,它会觉得特别不好意思吧!

这是陆生的野菜,池塘与河汊里,有两种水生植物,也可以捞起来喂猪。我们将之称为小青苔、大青苔,就像将东边的河叫小河,西边的河叫大河。小青苔由刺骨的春水里生出来,细碎、微皱、绯红,就是书上讲的红萍,也有地方叫作满江红,其实叫满塘红也未尝不可,如果没人管,几天就可涨满池塘,让我们钓鱼的时候找不到地方下钩,好在全村的猪崽愿意帮忙,大家一起来捞,也就可以将它疯狂的繁殖转换成猪肉的生长了。大青苔就是一般所谓的"萍",《诗经》里也有:"于以采蘋,南涧之滨。"出自《召南》,召南也在江汉平原。萍初生的时候,几片叶子漂在水面,稍后叶子立起来,像小酒杯似的,挨挨挤挤,又像我们穿着草绿色卡其衣服在操场上排队。我们可不管它有"萍合""萍聚","身世沉浮雨打萍"这样的诗意,只是一筐筐捞回家喂猪。大青苔"萍"在与谷糠搅拌前,要洗净剁碎,溅出来汁液让我的手又麻又痒,后来我在厨房弄芋头、山药好像也是如此,所以捞青苔是我的活,剁青苔是姐姐的活。

父母喜欢听黄梅戏,严凤英、王少舫的《打猪草》自然是由公社的喇叭里常听不厌。"丢下一粒籽,发了一颗芽,么杆子么叶开的什么花?结的什么籽?磨的什么粉?做的什么粑?此花叫作叫作什么花?"当年的神曲,听起来多亲切!世界上有多少不同的种籽,在周南召南,在江汉江淮的春阳春雷、春风春雨里生根发芽,又长成不同的形状,开出不同的花与果实,这些平常至极的生长,是宇宙中间真正的奇迹。金小毛陶金花们之所以在玩"对花"的游戏,大概也不是要"多识于鸟兽草木之名"以长见识,而是这些植物的根茎、种籽,是要被用来做粉做粑,来供养人的,人之外,猪也要随喜的。我常与姐姐一起出门打猪草,也不去看顾肖家坝汪家竹园上被狗子守着的毛竹笋,所以也没有"金小毛"们来踢破我们的篮子,所以我们家的炒阴米也得到了保全。但是我知道,我幼年的同伴们,他们在十余岁的早春年纪,都是在这片原野上打过猪草的,他们之间会有金小毛与陶金花的"出草"故事,将他们引向"桃之夭夭"的婚配,这样的故事,大概就是严凤英会在《牛郎织女》《天仙配》里唱到的。

今年一二月间,江淮间大雪,江汉平原也是,雪后放晴的天气,我们绕过青天白雪下的大别山,去安徽桐城。小城里雪堆如巨石阵,姚鼐的"惜抱轩"旧址在桐城中学老操场边,桐城派博物馆在从前桐城文庙内,我们看过桐城诸先贤的事迹,转过来看钟鼓乐之间大成殿里诸圣们高大的座像,慈眉善目中有男性的威严,仿佛还沉浸在经学的思辨里。我们惊奇地发现,从前秀才们"因声求气"摇头晃脑读《古文辞类纂》的左庑,已经被开辟成了严凤英的纪念馆。一代黄梅戏女王,也是桐城人,固然是天下文章出桐城,天下的黄梅戏,又何尝不是?《小辞店》《女驸马》这些来自民间的、草根的、女性的,像卷耳、葎、薇、萍一样的生机勃勃的文本,未必就不如姚鼐山长选出来的七百余篇"二千年高文",一样的神理气味,一样的格律声色。

接下来我们又在安庆女作家吟光的引介下,去桐城以下的罗家岭村,参访严凤英故居。一路上青松成行,山中有雪,去想象黄梅戏女王三四十年间,由皖中的山村里,到桐城,到安庆,到南京,到上海,将一种山野小调,发挥成庙堂正剧的经历,就觉得这是一个冬天的童话,江淮的传奇。村口的小广场上,是严凤英的立像,明亮的阳光下,她含笑面向村外的田野,立像所据的图片,正好是我们昨天在文庙纪念馆里,最喜欢的一张图片,明眸善睐,神光离合,眼梢挑起来的一丝妩媚里,又有乡村少女天生的娇蛮与野性。

  她目光投注的乡野上面生长着冬麦与野草,稍后积雪融化,春天来到,就是打猪草的好时节,她好像就能由凝固的时空里破壁出来,与"金小毛""王少舫"们结伴,就像我与姐姐结伴,去眼前这片田野上打猪草。"小女子本姓陶,天天打猪草。昨天起晚了,今天要赶早。篮子拿手中,带关两扇门。不往别处走,单往猪草林。"猪草林依稀,她已经去世五十年了。她的故居里遗物列列,床灶俨俨,歌声绕梁,可是屋后已经没有猪圈,猪圈里跳跟过的小猪崽子,你们,去了哪里?躲得过岁月的杀猪刀吗?

杨燕迪

安静的革命

百余年前，德彪西（1862—1918）几乎以一人之力，完成了一次影响深远的音乐"革命"——他凭借在当时看来几近奇异的艺术理念，在旋律、节奏、和声、音色、织体、结构等几乎所有的音乐语言维度上，都拓展了前所未闻的领地，将音乐导入特别意义上的"现代"大门。

然而，说是"革命"，但行动和进攻却静悄悄，不露声色。与同辈人马勒、理查·施特劳斯、普契尼等相比，这位法国人在音乐中显得极为克制甚至缄默，从来不屑于大声喧哗。查看他的乐谱，很少有超过 f（强）以上的力度标记，大多数时候都是 p（弱）、pp（较弱）乃至 ppp（极弱）的要求。而再降低一步的力度层次——就是"静默"：在音乐中即为"休止"。德彪西应是史上最理解"静默休止"具有神秘、悠长意味的作曲家之一。他的成名作交响诗《牧神午后》（1894）一开场，慵懒的独奏长笛在中音区引出一句低吟浅唱的旋律，波光粼粼的竖琴与圆号应答之后，即出现一个长达一小节的静默，似是意味无穷的"欲言又止"……1893 年，他开始动手写作日后将成为现代歌剧史上具有里程碑意义的《佩利阿斯与梅丽桑德》（1902 年首演，基于比利时的诺贝尔文学奖获得者梅特林克的同名话剧)。他写信给作曲同行和朋友肖松(1855—1899),不无得意地坦言:"我很自然地找到了一种技巧,我觉得相当新颖,那就是作为一种表达手段的静默休止(别笑!),它也许可以赋予一个表情乐句以全部力量的唯一途径。"

将"安静"和"缄默"转化为"力量",这是破天荒从未有过的音乐理念。考虑到德彪西成熟之前的一百年中,音乐从贝多芬开始,愈来愈以"力"为"美",情感表达的烈度和强度越来越走向夸张和外露,德彪西的这一转向不啻是"冒天下之大不韪"。无怪乎,德彪西出道时,十九世纪末的法国音乐圈内很少有人理解他的意义和价值。如当时最著名的法国作曲界代表人物圣-桑斯(1835—1921),就公开指责德彪西在音乐上的反叛。晚至1915年(其时德彪西早已功成名就,并在音乐界站稳脚跟),圣-桑斯仍在抨击德彪西——他写信告诫自己的得意门生、时任巴黎音乐学院院长的加布里埃·福莱(1845—1924)说,"你看看这位德彪西先生最近发表的作品(双钢琴曲《白与黑》),简直难以置信!我们学院的大门要不惜一切代价进行防范,阻止一个具有如此暴行的人。"

以"暴行"这样的词汇来形容德彪西,在今日看来会让人哑然失笑。如今,任何人聆听德彪西,脑海里所浮现的意象一定与"细腻""色彩""朦胧""神秘""变幻"等范畴相关,而绝不会联想到"暴行"与"革命"。就精美、精湛、精致和精细而论,德彪西的音乐达到了艺术上某种罕有的极点。那么,为何在当时人(甚至如圣-桑斯这样具备高度音乐修养的大师级人物)听来,他的音乐居然是"暴行"呢?

原因可能在于，德彪西剧烈地改变了音乐的美学尺度与游戏规则。不妨说，原来的音乐家（至少，从18世纪中叶的古典时代开始，直到19世纪末的晚期浪漫派）所遵循的是一套常规意义上的美学"意识形态"，它可能有明确的理论表述，但很多时候属于"心照不宣"，虽然时有调整，但大体维持不动。总的来说，这套美学意识形态预设了什么是"美"和"好"的音乐，并指引着作曲家去追求"美"和"卓越"。比如，音乐应该具备明确而清晰的轮廓，应该具有易记而富有表情的主题旋律，应该具有不断向前的发展动态，应该表达人类心灵生活中的热烈激情，等等。

而德彪西在音乐中却有意识地放弃或违反了上述的所有要求……诚然，德彪西的革命并非空穴来风或无源之水。他的启发主要倒不是得自音乐，而是来自姊妹艺术——当时，他最亲近的朋友圈子是象征主义诗人，以及印象派画家。虽说德彪西自己并不喜欢"印象主义"这个标签，但说他是"印象派"音乐的鼻祖和最重要的代表人物，这在音乐史和音乐美学中早已是共识。他熟读波德莱尔（1821—1867）、魏尔伦（1844—1896）和马拉美（1842—1898）等人的诗作，并谱写了足以匹配这些诗作的艺术高度的精美歌曲。马拉美的诗作《牧神午后》直接启发了德彪西的同名管弦乐曲，首演后让马拉美本人赞不绝口，认为音乐"与自己的文本毫无违和感，而且还进一步拓展了怀旧感以及轻盈的气氛，既精致、不安，又深不可测"。而歌剧《佩利阿斯与梅丽桑德》更是对象征主义文学思潮的音乐致敬——就探查人类下意识的感觉、解放艺术想象力而论，德彪西和该剧所体现的艺术理念达成完全一致。

正是出于彻底不同于传统的艺术观和世界观，德彪西才对音乐语言的几乎所有方面都进行了革命性的突围和突破。想想他的取材——《帆》《暮色中的声音与芳香》《沉没的教堂》《雾》《枯叶》《月色满庭台》《水妖》《水中倒影》《塔》《雨中花园》(均为钢琴曲)以及《大海》《云》《海妖》(均为管弦乐)……这些具有强烈画面感和流动性的意象和"印象",既是德彪西音乐试图表现的事物,也是他的音乐力图予以超越的对象——他的旨趣其实并不是用音响再现与刻画世界中的事物实体,而是唤起人类心灵面对这些事物时所隐约感知到的神秘气氛和变幻色彩。德彪西音乐的关键在于"变动不居",他的音乐所关切的是微妙而精细的色调氤氲与气氛流动,一切都是虚幻,一切都在变化,一切都陷入神秘……

就此而论,从某种角度看,德彪西的美学立场与贝多芬就刚好位于几乎完全相反的对极。贝多芬一生以雄浑和控制为要旨,而德彪西看重的恰恰是飘逸和松弛;贝多芬所刻意追求的,正是德彪西全然摒弃的。这两个相距近百年的作曲大师,好像形成了十九世纪初至二十世纪初的音乐时间外框。从贝多芬到德彪西,音乐的价值罗盘刚好倒转一百八十度。无怪乎,史上对贝多芬发表不敬言论的著名作曲家有两位,其中一位即是德彪西(另一位是肖邦)。"天才可以没有品位,贝多芬便是一例"——德彪西如是说。

时至德彪西百年后的今天,贝多芬和德彪西早已双双成为正统经典,他们的审美追求和艺术准则尽管在当时看针锋相对,但经过时间的考验和消化,在音乐传统中最终却构成了互补的价值宝藏。贝多芬当然有充分资格算作是音乐的革命者,但他反叛前人和传统的程度其实不比德彪西。德彪西的音乐革命深具颠覆性,而这次革命听上去却比贝多芬安静许多。

李　皖

流行音乐为什么不流行了

刚刚过去的台湾金曲奖颁奖，过去得无声无息。除了个别音乐研究者，普通大众甚至包括铁杆的台湾歌迷，已经失去了解其"获奖全名单"的兴趣。其他各类音乐奖颁奖，大概也是如此：或者无利可图只好悄悄关张，或者勉力为之但支撑一场像样晚会的力量都聚不起。

已经有好几年，评委会、专家或者媒体评出的"年度歌曲""年度十大"，基本上没多少人听过；见到榜单，人们也再不像从前那样，听过的高看两眼，没听过的想方设法寻来一听。催爆大众热情的《我是歌手》等电视演唱节目，一时会点燃起一些歌手、一些歌曲的知名度，但是绝大多数歌曲都是往年的流行歌曲，被拿到真人秀的现场再翻唱、再改编、再鼓噪一回，等煽完了旧情，也便曲终人散。

流行音乐不流行。大众流行歌曲不复存在。今天，最大的流行歌手、最大的流行歌曲，无论多大，也不过只在小部分歌迷中流行，顶多算是小众流行歌曲。这样的状况，也已经有好几年。

流行音乐为什么不流行了？这个现象背后，有着时代的某些变化。变化的绝不仅是流行音乐，也不只是各类艺术作品的失焦、失势、失去大众性，变化的是人，是我们的人生以及精神生活的状态。

我们是慢慢走到这一步的。首先是价值多元化后,焦点的崩散。

这个影响非常深远。不同领域、各行各业,都感受到这一巨变,这巨变笼罩下无所不在的支配、瓦解、再造力量。不同领域用不同的名字去称呼它,有时跟它强相关,有时跟它弱相关,有时跟它看似不相关却还是相关,实质内核却只有一个:分众市场、分众传播、自媒体、定制服务、小而美、去中心、独立制作、自我发行、微信公号、代沟、"70后""80后""90后""00后"、部落格、朋友圈、网格、群……这些不同名称、不同称谓的现象内部,是价值、审美、趣味、道德、生活方式、消费生活的分化。整体不复存在,个性不断膨胀,共性不断摊薄,聚合越来越难。

互联网成为一种载体,唯一的载体,最后整个人类都被其载乘。本来人类被天地、被时空、被城乡载乘,但随着互联网越来越深的演变——门户网、搜索引擎、客户端、数字化、地理信息系统、天眼……整个人类,整个人类所处的时空,变成了无所不在、无所不包的巨大镜像,映射一切,载乘一切。

值得往深里看一看,往广处看一看,看一看这互联网的本性,才有可能真正知道,发生了什么。

所有的信息,消失了实体。所有的实体,转化成了信息。衣食,客店、交通、路况、山水、博物馆、人工智能……你的脸、你的行踪……信息化一方面提供各种生活便利,另一方面也使虚拟现实、虚拟生活,越来越具有真实现实、现实生活的品质——人其实不是在现实中,而是在信息中获得了生活的感觉和实质,网络游戏、VR、AI 机器人,都不断地在这个方向上提供着新的例证、新的体验、新的感悟。

好像扯远了。不远。我们撤回来,继续说流行音乐。撤回来看这些东西与流行音乐的关联,与创作与艺术与艺术生活的关联,将有助于让你醒悟:以上我们说的这些变化,跟一切的变化或都有关系,而且是至关重要的关系。

失去实体带来的变化,有很多。其中一个变化很关键,就是边界的消失。书、专辑,都是一种边界阅读。边界阅读是有限的、容易聚拢心神的阅读。

实体转化为信息带来的变化,也有很多。其中一个变化也很关键,就是稀缺性的消失。拿流行音乐打个比方,过去你要守着电台、等着电视,去持守某个热爱,否则你就会错过。现在,你要听、你要看的,都留存为一个地址,你随时可以去访问,去"宠幸",你有一种无限拥有、尽在掌握、不在话下的幻觉。

互联网带来了无边界、无门槛、无差别、无中心的传播,虽然这中间有种种社会、商业、人为力量干预,可以降低、消减、阻断这无边界、无门槛、无差别、无中心的传播,但无边界、无门槛、无差别、无中心的传播,是互联网本身所具有的本性,深蕴着传播及其背面——获知和欣赏,加速向着"四无"方向发展。由此带来了以下这些广泛而深刻的演变:

——发表门槛降低后,人人都可发声,人人都是作者,创作的高贵性崩散,作者成了真正意义上的几十亿分之一。

——进一步的,作者的重要性,作品的重要性,艺术品的神圣性,崩散。

——互联网广泛的共享、免费欣赏,导致珍贵感的降低,珍贵感的消散。

——海量导致芜杂,成就了多样性、丰富性;但海量也驱逐精品,使精品的信号减弱,作用力降低。这导致卓越的人、物及其关注度的削弱、离散。

——整个信息环境的变化，大众性的崩散，导致持有为大众歌唱信念、为人类写作志向的艺术家，不复存在。

我们回过头去，放眼去看，流行音乐旧有唱片体系的瓦解，客观上彻底阻断了大流行、大歌手创作路向的那种变化，不过是这天网恢恢、疏而不漏的巨变中的一个小小幻影。惟因如此，它也不可能再一时恢复。而回到作品的基本单元——创作、发表、艺术选择权——去观察：前网络时代，是一个艺术的权威体系，选择权由专业渠道筛选，最后选出凤毛麟角进入大众管道；网络时代，是艺术的草野体系，选择权由每个人做出，导致了选择分散、标准丧失、时间浪费、赝品横行，优秀的、卓越的、高迈的、超拔的，凝聚着普遍、崇高、美与智慧的东西，反而被淹没其中，难以得到普遍的、一致的肯定。

流行音乐不流行，优秀作品失去大众，卓越创作不再有无上荣光……以及这背后的无边界、无门槛、无差别、无中心的方向，这种状况并非中国独有，全世界的、整个人类，都在面对相同的问题。

如今这种现象、形势，并非完全负面，当然也绝非完全正面，还会持续相当长的时间，但它不是永恒的。永恒的还是我们所熟知的那个常情。历史确实深蕴着来回摆动、自我反动、自我修正的力量。原因无他，只因为那些根本的东西从不改变：人生是有限的，现实感、真实感是健康存在的基本品质，社会虽然不断发展但人性有恒，世界万物与人心中共有着那确实不虚的真、善和美，卓越性是优秀艺术最重要的品质，这才是艺术世界、人类历史为什么变动不居却又如此稳固，像一条从古至今滔滔不绝的大河。今天的似乎颠覆了我们的这巨变，无论多巨大，无论多天翻地覆，确实，只会是一个小插曲。

曾泰元

词典里的十一例洋泾浜英语

一般认为，洋泾浜英语就是一种蹩脚、不纯正甚至不伦不类的英语，是用来形容英语不标准的贬义词。

先追本溯源。浜（bāng）即河浜，在吴方言里指的是小河，洋泾浜原是上海黄浦江的一条支流，1916年填平，就是现在的延安东路。上海开埠后，洋泾浜以北为英租界，以南为法租界，洋泾浜成为英法两国租界的界河，因此自十九世纪中叶起，便由默默无闻而一举成名，后来甚至成为租界的代名词。

当时英商相继涌入上海，与华人语言不通，又亟须彼此交流经商，于是产生了一种混杂着汉语的简单英语，语法不符合英语习惯，语音受汉语影响，多用于没有受过正规英语教育的洋行职员、洋商帮佣、人力车夫、街头小贩之中。这种混合语西人称之为"皮钦英语"（pidgin English），pidgin源自business（商业）发音的讹化，华人则把它叫作"洋泾浜英语"，因流行于当时华洋杂处的洋泾浜周边一带而得名。

洋泾浜英语已成为历史，但仍可由一百五十余年前的一本《英话注解》略窥一二。《英话注解》是1860年出版的一本洋泾浜英语入门手册,用来与洋人打交道,由旅沪的宁波商人编著,以汉字给英语注音,用宁波话朗读,流传甚广,有打油诗的味道,如今读来令人莞尔:

来是康姆(come)去是谷(go),
廿四洋钿吞的福(twenty-four)。
是叫也司(yes)勿叫诺(no),
如此如此沙咸沙(so and so)。
真靳实货佛立谷(very good),
靴叫蒲脱(boot)鞋叫靴(shoe)。
洋行买办江摆渡(comprador),
小火轮叫司汀巴(steamer)。
翘梯(tea)翘梯请吃茶,
雪堂(sit down)雪堂请侬坐。
烘山芋叫扑铁秃(potato),
东洋车子力克靴(rickshaw)。
打屁股叫班蒲曲(bamboo chop),
混账王八蛋风炉(daffy low)。
那摩温(number one)先生是阿大,
跑街先生杀老夫(shroff)。
麦克(mark)麦克钞票多,
毕的生司(empty cents)当票多。
红头阿三开波度(keep door),
自家兄弟勃拉茶(brother)。

爷要发茶（father）娘卖茶（mother），

丈人阿伯发音落（father-in-law）。

《英话注解》虽不是洋泾浜英语的全貌，不过短短百来字却涵盖了当时华洋交流的常用词汇，让我们得以一窥交流初期劳动人民所做的努力。

这样的努力并没有白费。洋泾浜英语是十九世纪通行于上海租界的混杂语言，早已成为过去，但也有一些表达为上海话所吸收，以另一种面貌静静地留下了印记，某些甚至还成为普通话的词汇，如"发嗲"（发 dear，故作娇嗔）、"肮三货"（on sale 货，垃圾货）、"瘪三"（beg sir 或 beg say，无业混混）、"老虎窗"（roof 窗，屋顶天窗）。

"洋泾浜英语"的正式英译是 Chinese pidgin English，此乃 pidgin English（皮钦英语）的反璞词（retronym）。易言之，pidgin English 原指"洋泾浜英语"，后来词义扩大，泛指各种类似的混杂英语，以致原本专指"洋泾浜英语"的 pidgin English 被迫调整，不得不另外冠上 Chinese 修饰，彰显"中国"洋泾浜英语，以与其他的混杂英语做出区隔。

这里的核心词汇 pidgin（皮钦语）就是洋泾浜英语，不过现已华丽转身，成为当代西方语言学的重要术语，指的是语法简单、词汇量小、融入当地语言成分的混杂语，作为无共通语言者之间的桥梁，方便彼此沟通。

综合权威的《牛津英语词典》（Oxford English Dictionary，简称 OED）和《梅里亚姆-韦氏词典》（Merriam-Webster's Dictionary，简称"韦氏"）所载，pidgin 一词最早出现于十九世纪初的广州。广州是中国第一个向西方开放的口岸,当时的华人在广州码头与英商互动做买卖,吸取了英语 business(生意;商业)这个词汇,并依自身的发音习惯将之调整简化:business 去尾成 busin,词中的 z 音以 g 音取代而成 bigeon,b 讹化为 p 而成 pigeon(鸽子),为了与"鸽子"区隔改拼为 pidgin。

pidgin 这个词汇诞生于 1807 年,出自英国传教士兼汉学家罗伯特·马礼逊(Robert Morrison)的笔下,当时拼作 pigeon:

> Ting-qua led me in to a Poo Saat Mew, a temple of Poo Saat. 'This Jos', pointing to the idol, said he 'take care of fire "pigeon", fire "business"'.【丁卦领着我到一间菩萨庙,就是供奉菩萨的庙。他指着里头的偶像说,这个神掌管火"事"(fire "pigeon"),火的"生意"(fire "business")。】

十九世纪中叶上海开埠后,大量的英商舍广州取上海,真正意义的洋泾浜英语由此诞生、发展,最后又不敌时代的潮流而式微、消亡。洋泾浜英语的词语极少,高峰时期也仅有七百个左右。但凡走过必留下痕迹,目前留存下来、载入权威词典、成为英语一分子的,据我统计约在 11 例之谱,上述的 pidgin 就是其中之一,由此衍生而得的复合词 pidgin English,或可视为间接的附加产物。

除此之外,权威词典记录有案的洋泾浜英语,起码还有十例。

第二例的 long time no see(好久不见)最为人知,使用得也最广,是个"飞入寻常百姓家"的洋泾浜英语,一般英美人士都用,是个非正式的口头说法。long time(长时间)是地道的英语,no see(不见)

却直译自中文，完全不合英语语法。这样的四词组合早已为英语所收，1894年就有文字记载。

第三例是can do（能行），直译自中文的"可以"，这不是动词词组，而是个副词短语，功能、用法像英语的OK，是个非正式的口头说法。1845年首见于文献，现仍广泛使用。

第四例是no can do（不行），直译自中文的"不可以"，此为can do的否定形式，功能、用法像英语的no way（不可能）。1868年首度现身文献，现仍广泛使用。

第五例是look-see（看看），直译自中文，也有"查看"的意思，可作动词，但以名词的用法更为普遍。1862年首度现身文献，目前仍在广泛使用中。

第六例是chin-chin（你好；再会；干杯），译自中文的"请！请！"，表达的是中国人的礼貌与客套。1795年首见于文献，是个过时的副词短语、口语词，现已少使用。

第七例是chop-chop（赶快），译自官话的"快快"，或是粤语的"速速"。副词短语，首见于1834年，目前使用中。

第八例是chow-chow（食物），译自中文的"炒炒"，因为中国人做菜时多把食材放在锅里炒。首见于1795年，现在多以简化形式chow为人所用，名词，口语。

第九例是allee samee（都一样），源自all the same，首见于1840年。第十例是makee（让；使），源自make，首见于1719年。第十一例是muchee（多；很），源自much，首见于1723年。此三例皆于其词尾缀以ee，代表、模仿中国人不会念词尾的辅音，非得后加元音不成，有着明显的调侃、贬损、冒犯之意，至今仍在持续使用中。

洋泾浜英语已经完全退出历史舞台，然而却在英语里保留了十一个活化石，见证了一段中西语言交流从无到有、筚路蓝缕的过程，是种具有特殊历史意义的中式英语。换个角度看，洋泾浜英语对沪语词汇的渗透数十倍于此，通过沪语再渗透到国语，这个维度的语言接触与影响，那就是另一个话题了。

南　帆

生命在别处

"生活在别处"——如同许多人那样,我也是在昆德拉的小说之中读到这句话,并且知道这是十九世纪法国诗人兰波的诗句。不幸的是,我在一个毫无意趣的场合突然想到这句诗:一个穿大衣的妇人慢悠悠地走过马路的斑马线,对于周边往返飞驰的汽车视而不见。她的双眼盯住手中的手机屏幕,脸上浮出了神往的笑容。我猜她收到了一条有趣的微信。眼前这个红尘滚滚的世界又算什么?真正的故事发生在手机里面。多年以前,我们的渴望是坐上火车奔赴远方,遭遇一个浪漫的邂逅;现今,我们的人生轨道轻巧地拐入手机——手机里的微信犹如人生百态的收纳袋:一个会场的局部,一篇心仪的文章,晚餐的几盘菜肴,屋角的一丛小花……不管怎么说,只有那些显现于手机屏幕的景象才会产生非凡的魅力。凡夫俗子的日子庸碌不堪,手机屏幕是一个魔幻之域,那里收藏了无数遥远的良辰美景——生活在别处。

这一段时间开始流行一个词:"佛系"。据说"佛系青年"风轻云淡,与世无争,脸上一副落寞的表情。言及日常的起居饮食,他们的口头禅是"可以""都行"。然而,电子游戏开始的时候,他们如同突然换了个人,目光炯炯,声嘶力竭。《修真诀》《明月传说》《三国无双》《王者荣耀》,刀光剑影之中,血脉偾张,炽烈的激情火焰一般燃烧起来了,一个大智大勇的王者终于矗立在虚拟空间的地平线上。

生活在别处。虚拟空间肯定比乏味的写字楼或者逼仄的蜗居精彩。可是,梁园虽好,不是久恋之家;虚拟空间无非镜花水月,过眼烟云。我们的双脚迟早要回到真实的泥土地面。这才是我们存放生命的空间。只有泥土地面才能长出水稻、苹果,百草丰茂,牛羊成群。虚拟空间的各种故事无非电子元件和信息配置的壮烈和浪漫,谁会愚蠢地为若干信息的衰老、消亡而伤感,或者如痴如醉地爱上电脑屏幕上的那个美妇人影像?

必须承认,写下这几句话的时候我有些心虚。数日之前,我删除电脑之中一个多余的软件。即将卸载的时候,界面上出现一个掩面而泣的孩子,一句旁白是:"你不要我啦?"一时之间,几乎不忍心按下确认键。我联想到了电子宠物。屏幕上跳出一只顽皮而憨态可掬的小狗或者鸭子,它们会撒娇,会生病,需要喂养和照料,不小心也会死去。什么时候开始,我们不知不觉地惦记这些小玩意,甚至魂牵梦绕,似乎生怕它们有什么不测。我曾经抱怨那些可恶的工程师,他们伪造种种电子生命窃取我们的怜爱之心。现在,我突然觉得世界正在变质。是不是到了修改那句名言的时候了——生命在别处?

我们的习俗之中,喜爱一张桌子、一部电影、一支钢笔或者自己的汽车座驾与喜爱一个人乃至一匹马、一条狗存在重大差异。前者仅仅是物,后者是生命。生命之间的交流包含了深刻的互动:慈爱收获感恩，怨恨收获复仇。忘恩负义或者以德报怨往往由于重大的失衡而成为众目睽睽的特例。相对地说，物无嗔无喜，从不因为离合而悲欢。这极大地减轻了我们的内心负担。更换一部手机，不会如同离婚一般痛苦；购置一辆新车的时候，没有必要顾虑旧车的不快。众多女性情深意长，从一而终，可是，她们从不因为频繁地添置衣橱里的服装而感到内疚。人不如故，衣不如新，这是性质迥异的两件事情。然而，现在我想说的是，两件事情的边界似乎开始混淆，物与生命开始交织为一体。

戴一副眼镜增添视力，借助一部电话扩大听觉的范围，骑一辆自行车代步，工具并非躯体的组成部分；放下工具之后，这些功能立即从躯体之中分离出去。然而，如果发明一种智能的负重骨骼呢？事实上，这一套装备（HULC）已经问世。穿上这一套装备如同增添了一副微型计算机与液压驱动构造的骨骼，躯体的负载能力大幅增加。这一套装备与躯体合而为一，人们可以自如地行走、下蹲乃至匍匐，机械的能量仿佛就是从躯体之中涌现出来的。如果说，假牙、假肢、股骨头或者心脏起搏器、支架仅仅是挪用某种医学器材修复躯体的某一个小小局部，那么，大规模地改造躯体的工程肯定已经列入生物科学的议程。

躯体的改造无疑将改写"生命"的定义。那位谷歌工程总监雷-库兹韦尔信心十足地告诉人们，"奇点"正在临近。人工智能与生物科技的全面合作正在导演的伟大剧目是，人类将于2045年左右实现永生。库兹韦尔的设想是，聘请若干纳米机器人居住于人体的血管之中，摧毁各种病原体，清除血栓和肿瘤，纠正基因的错误，并且将前额叶皮质——人脑的中枢，理性思辨、重大决策或者幽默、音乐的产出区域——与计算机的云端数据联接起来。由于科学技术的干预，人类体魄的强健程度和智商指数迅速地突破自然赋予"生命"的疆域，并且无限扩展。这个理论前景极大地激励了一批有志者锻炼身体的热情。只要安全地在时光隧道继续长跑二十八年，这一副血肉之躯就可以从科学家——彼时的上帝——那儿换取一个真正的金刚不坏之身。据说库兹韦尔本人业已到了古稀之年，他每日都要勤勉地吞食一大把五颜六色的药片，力图保证冲刺2045年决不掉队。让我们从令人激动的理想回到那个令人困惑的主题：未来的日子里，我们会向那个既吃五谷杂粮、又组装了各种计算机软件与生物科技产品的"生命"示爱、撒娇或者寻求抚慰吗？当然，还有爱情——我们可能爱上一个半是肉身、半是金属材料的躯体吗？

然而，愈来愈多的迹象表明，人类正在悄悄地放弃"生命"的传统边界。示爱或者撒娇远非想象的那么困难，我们已经在科幻电影之中练习过了：迷恋那个钢铁的"终极战警"或者崇拜神通广大的"变形金刚"，各种情感曾经如此自然地从我们的小心脏里冒出来。而且，令人意外的是，秘不示人的性领域欣然邀请科学技术全面管控。性是一个令人羞愧的话题，讳莫如深；同时，性又是生命之中如此重大的主题，没有人绕得过去。可是，现今的科学技术正在协助人类将性从生命的锁扣之中解脱出来。作为繁衍生殖的一个副产品，短暂的性快感是上帝赐予抚育后代的生物奖赏。然而，性快感如此强烈，繁衍生殖的后续工作如此烦人，以至于许多人试图将这种福利单独窃取出来。许多人的真实愿望是，仅仅享受销魂的一刻，多余的负担不再尾随而至——信誓旦旦地守护爱情，养儿育女的辛苦，对付难缠的丈母娘,各种不期而至的家庭纠纷,某些时候甚至负有振兴整个家族的重任。能否避开众多设置于性领域的陷阱?这时,科学技术慷慨地提供了不同级别的性代用品,据说女版的智能机器人形神兼备。然而,未来的某一天,科学技术可能遭受社会学家的严厉质询:自作聪明地将两性关系移出生命范畴,这种僭妄会不会瓦解社会的某种基本秩序?

基本秩序的瓦解可能带来未来社会的垮塌。不过,另一批科学家脸上的表情远比社会学家严峻。根据他们的计算,危险的到来可能比社会学家预料的要快——科学家的恐惧对象是迅速逼近的人工智能。他们以专家的口吻警告说,人工智能是潘多拉的魔盒,贸然打开可能带来毁灭性的灾难。不要以为人类真的管得住那个正在客厅里打扫卫生的机器人。机器人身手矫健,力敌千钧,刀枪不入,而且从不贪生怕死。众多科幻电影生动地展现了它们的英雄事迹。如果这些机器人与人工智能结合,生命的血肉之躯不堪一击。人工智能具备超级的自我学习能力——今天仅仅拥有一条狗的智力,明日可以超越全世界最为杰出的大脑。这是人类的缓慢进化无法企及的。无论是计算、运筹、识别、监控还是围棋、音乐、书法、绘画,人类的所有领域都将迅速陷落。与这种机器人开战,昔日积累的作战规划乃至所有的战争想象可能全部丧失意义。从冷兵器、热兵器到核武器,人类训练出武功超群的剑客、百步穿杨的狙击手或者决胜于千里之外的导弹部队,并且制订了各种坦克、战斗机或者航空母舰的攻防方案。尽管如此,人类的全部假想敌仍然是人类;例如,没有哪一个国家现有的武器系统可以对付漫天飞舞的小小蜜蜂。相信许多人看过一个视频:一个人智能操控的机械"杀人蜂"悬在空中,它的处理器反应速度比人类要快一百倍，挥动巴掌扑打不到这个机械小精灵。"杀人蜂"上安装了脸部识别器和几微克的炸药。发现了预设的捕猎对象之后，它可以从任何角度抵近，泊在对方的脑门上；炸药制造的微型爆炸足以摧毁脑壳里面的一切。事实上，人工智能贮存了各种取人性命的新颖形式，防不胜防。黑格尔告诉我们，所谓的"主奴关系"充满了紧张与逆转的可能。当人工智能试图改变奴隶的命运时，人类溃败是一个没有悬念的结局。这也是那一批科学家如此惊恐的理由。

我对于这种结论不持任何异议。我所存疑的仅仅是一个所有分析人士都要关注的问题：动机何在？鉴于哪些动机，人工智能操控的机器人必须与我们为敌，甚至歼灭人类？这些由集成电路、软件和金属材料装配的机器人缺少粮食、水源还是热衷于争夺未来的发展空间？或者，这些力大无穷的家伙仍然忙不过来，不得不奴役人类为它们种田、洗碗或者修桥铺路？试图改变食物链之中的不利位置？它们的基因内部贮存了强大的攻击性密码——它们有基因吗？我宁可认为，人工智能的所有特征无不来自人类的初始范本：那么多任劳任怨的人，那么多热衷于杀戮的人，那么多的善良、慈爱、高尚、深明大义、无私无畏；同时，那么多的嫉妒、阴谋、趋炎附势与恃强凌弱，"关系"之中的压迫带来的反抗以及凶猛的报复仍然来自人类的行为准则。我想说的是，机器人与人类互为镜像。科学家对于人工智能的恐惧是否存在一个隐秘的原因——他们是否被人工智能之中的人类投影吓住了？也许，人工智能的自我学习隐含了不可预测的裂变，但是，软件程序之中第一行仇恨的种子是否来自人类的指令？现在，我愿意悲哀地指出一个事实：我们竭力赞颂的人类"生命"并非一个完美的形象，人工智能的可怕放大甚至让我们不愿意认出自己。

人类社会能不能显现更多的仁慈，更多的慷慨，更多的情义与互助？我时常觉得，机器人正在某一个地方目光闪烁地盯住我们，观察这个群体如何相待，继而续写人类开启的历史故事。我们愿意传递出哪些信息？人工智能方兴未艾，也许还来得及。

文　珍

致那些孤独而年轻的朋友们

因为微博、微信、豆瓣或者知乎的存在,中国当代青年并不真的寂寞。还见过有同事在淘宝群里大聊其天的,让我想致敬人与人之间近乎无限的、互相慰藉的广阔可能性。无数看不见的肉身藏在手机后,导致每个普通人每次发朋友圈都有万众瞩目巨星登台的短暂幻觉:否则就不会有那么多的屏蔽分组,以及发布后一小时内即删。

这日日如期上演的无声戏,再加上除却骗子和快递员没人打的手机号,就是我们现代人的社会关系的总和。每日阅读上百条微博朋友圈后表达欲尚存的真的勇士们,还可再开一个公众号——自媒体时代,读者真的不大够用了。

而懒得开公号、也并无意于商业代言的我们则是多数普通人,感到孤独时最多选用一句话,一张图,几个词在社交平台上表达心情,渴望收获尽可能多的点赞。倘若效果不佳,就再加大力度,下次配张自拍。最用力过猛的孤独症患者深夜甚至写诗,保留五小时后,收集了寥寥可数的点赞,再果断删除,自以为至少有一百人看到了这绝妙好诗但只是"不响",并忍不住傲娇地设想他者的追悔莫及:刚才没及时点赞的人,想回头看得更仔细时才发现已看不到了。每次按下删除键都像是一次告别人世的预演吧：最色厉内荏的撒娇，含羞带怨的赌气，未曾得到足够多的关注和爱，就选择隐遁起来。

"你今天怎么了？"

"没怎么。就有点丧，缺爱，闷，血槽已空……"

"好了好了，也是戏很足了。有没有一盘小龙虾解决不了的神经病？没有，就再来一盘。"

多么粗暴、肤浅的自我表达和他者审判！但是，在这个年代通常又被认为是最准确的。

几天前——到我重看这篇日记的时候，已经是一年前了——那个未满三十岁的胡姓导演用一根绳子结束了自己。毫无意外地又迅速激起媒体新一轮追捧封神和万众唏嘘。已发表的若干短篇入选各大年选和排行榜，在文学上受到的认可仿佛更大（大概文本也更容易实现传播）：又一个殒落的天才、才华横溢却被世界辜负的断翅天使。一种说法：为情所困不是自杀终极原因，他最后剪辑完成的这部电影才是致命一击。

不知为何，那些敏感而聪明的年轻人选择在三十上下告别这个人世。进入社会已经好几年了，离中年成功尚远，但本质上以为自己还是个孩子。也早有社会学家判定这是"彼得·潘综合征"——廉价简单的标签，八零后九零后满可以人手一个。

更多质地略微粗粝或稍强韧一点的同类则侥幸逃过这生关死劫，四五十岁才需再设法逃脱一次，这期间也不是完全没有撒手人寰的危险。闯过去了，就是万事皆休，就是心如止水，就是颐养天年。

那些心肠变硬的大人们说：年轻人已经得到很多还想得到更多，觉得值得公平对待却没被重视……不过如此。

这些年目睹过太多这样的意外。LESLIE。邱妙津。马雁。走饭。孙仲旭。再加上小胡。陶崇园房思琪大概也可算在里面,但情况不太一样——事实上当然每个人的情况都不一样。中间一定还漏掉了无数。每个人离开都引发比生前巨大得多的重视。点滴生平事迹和生前最好的照片迅速被传播到网上,吃瓜群众中蛊一般开始转发、悼念、表达震惊和怀念。

每个人当然都有值得怀念的地方,尤其是一个永远停止和自己竞争的退赛选手。这样是否太刻薄了一点——对所有自觉幸存的生者来说。

大家心情矛盾五味杂陈,最庆幸的是自己依旧活着,还可以发表意见。仍然和娑婆世界互相拥有。好的,坏的,干净的,肮脏的,柔弱的,暴戾的,一塌糊涂的,不失清明的。

而那些先行退场者们,我们每个人都仿佛有资格和条件怜悯他们。似乎这些人最大的意义,就是提醒我们每一个人活着到底有多么强悍,多么烦难,又必须多么没心没肺。而且,还准备继续突破万难地活下去。可以站在安全的岛屿上表示悼念。这一刻,从未属于任何人的世界短暂划归生者这一边。只有在这种时候,我们才能够假装拥有一切早已失去的可能性。假装自己是胜利者。

事实上……我们或多或少都嫉妒那些敢于中途退场的人们。

北京入冬刮起大风,困意随时袭来。"每一次睡眠都像是一次小型死亡。"有个最近活得非常兴头的朋友,在得奖当晚对我说:"死后自会安眠,生前何必多睡?"他是那种喝酒到凌晨一两点,回去依然要熬夜写稿的强人。

其实这话我老早就看过。但我宁可羡慕死者也不羡慕他。要一直保持高产多累啊——而且不容易有朋友。

毕竟,互为很丧又缺爱的朋友,也是活下去的重大理由啊。

辑六

毛 尖

上海男人徐峥

看到徐峥从电脑后探出头，典型loser样，邋里邋遢烟火气，一口先天上海话，当时我就舒坦了，哧，终于银幕上也有了原汁上海男人。

《春光灿烂猪八戒》出道的徐峥，头发长的时候像谢霆锋，头发没了像小黄人，不知道是不是为了演戏增了肥，还是真的肥了，反正，现在的这个角色既是类型的又是现实的：他勇猛赚钱是类型，良心发现是类型，贪婪是类型善良也是类型，他和王传君等周围病人的群戏，故事节奏和节点都是类型化的，就像电影一开头，三下五除二就为他设置了一个超套路的灰化理由，他失婚失子还有一个急需手术的老爹。

但是，能从类型中飞跃而出，让天南地北的观众觉得特别贴身特别动情，除了题材的切肤，徐峥的表演功不可没。比如说，他重新表演了上海男人类型化的怂，但他改写了怂，甚至传销了怂。

电影中，前妻要徐峥同意她带儿子出国，并表示可以为此给徐峥一点安慰费，否则就只能律师解决。各方面走投无路的徐峥气不过动手打老婆，后来进派出所，刑警小舅子闻讯来揍前姐夫。看到前小舅子天兵天将似的扑过来，他贴墙而立，一脸慌张加无辜，徐峥怂了。

再后来,奸商王砚辉半恐吓半利诱地叫他让出销售代表权,徐峥叫上四个核心成员吃散伙饭,他语气还霸道,内心是怂的。

　　文艺史里的上海男,经常的怂样就是,公交车上吵架,掐了半天,还就是语言层面互相丢石子,活活急死旁观北方女;或者就是,要上战场的小伙子,上衣口袋掏出一把梳子整一下发型。徐峥改写了这种相声腔上海男人,他是热血又油腻,猥琐又家常,他最好的那场戏是跟谭卓回家,彼此心照不宣要睡一下,他坐在谭卓的床上脱衣服,既像嫖客又像老公,既是感情又是交易,徐峥的身体在这一刻真是太准确了,他有点发福,但还没有坏的经验,他急切脱下长裤后露出非常家常的短裤,但是被谭卓的女儿看了一眼后怯场,终于不了了之。

　　因此,这个甫一出场就狼藉不堪的男人用肉身填满了怂,也丰满了怂,相比王传君非常传神的表演,徐峥的身体更结实地诠释了上海男人,借用每次世界杯开场前梅西的广告词,他们不是天生好怂,只是适时认怂。如此,徐峥前半场步步认怂,不仅夯实了他的人设,还让观众特别好感他,说到底,认怂,不就是这些年上海人的最大优点吗?当北方男在屋顶裸翔的时候,上海男默默穿回长裤包裹起自己的肉身,这点怂实主义,在时间点上显示为一种懦弱,但在时间的延长线上,却是浪漫,他们以退为进,翱翔在人心上。

　　这是上海人的怂。这是上海男人。

宋明炜

那个测不准的时刻永远让我们着迷

差不多一年以前，我在意大利博洛尼亚大学（University of Bologna，所有意大利人心目中的Alma Mater）的历史与文化研究中心做短期访问学者。每天走过那些古老的街道，红色的墙连着红色的门，高高低低的塔楼，幽静的修道院，像宫殿一样的图书馆，沸腾的大学广场，安静的咖啡馆，古旧的书店，一个连着一个，我不敢触摸那些几世纪前的巨大的书册，在墙上我看到文艺复兴的意大利，古老欧洲的地图，大航海时代的世界。我认出Umberto Eco（翁贝托·埃科）的名字，曾在Alma Mater（母校）执教几十年的哲学家与小说家。我的东道主Claudia Pozzana，住在威尼斯的诗人，翻译家，历史学家，欧洲最古老大学的汉学教席执掌人，告诉我，她的丈夫Alessandro Russo，也是诗人和历史学家，在埃科去世前和老先生是一起打球的朋友。我们坐在阳光下的露天饭馆，中午时分，我像做梦一样，初春的风吹过，她告诉我埃科的逸闻趣事。

对于中国读者来说，埃科，卡尔维诺，莫拉维亚，皮兰德娄代表二十世纪世界文学的高峰。这四位作家都写作过幻想和科幻作品。在博洛尼亚，我遇到年轻的意大利作家Jadel Andreetto，他写诗，写歌词，写剧本，写科幻小说。我从Jadel那儿开始了解意大利科幻小说史，这是一个曾经充满了反法西斯精神和左翼想象的文类。卡尔维诺两部科幻名著《宇宙奇趣》(Cosmicomics)和《零时间》(t zero)都诞生于风暴一般的六十年代，虽然其中的宇宙看似远离时代风云，充满谐趣与幽默。

不久之后，在赫尔辛基，我认识了意大利科幻小说的领军人物，了不起的Francesco Verso先生。我们第一次见面，还没到三分钟，他就告诉了我，他是博洛尼亚人，让我顿时有了"他乡遇故知"的奇异感受。善良而热情的Francesco，还告诉我他正推动中国科幻小说进入意大利读者视野，他与非常年轻的意大利汉学家，另一位美丽的博洛尼亚人，Chiara Cigarini女士，编辑翻译了这本Sinosphere。令我万分感动的是，这一卷竟然已经是翻译成意大利语的第三本中国科幻小说选集。

最近二十年的中国科幻，从曾经是一支不为人知的寂寞伏兵（飞氘的比喻），变成席卷全球、领跑整个科幻界的新浪潮。随着刘慈欣《三体》的英译本获得雨果奖（他是七十多年历史上第一位获得雨果奖的非英语作家，而卡尔维诺是此前唯一一位获得雨果奖提名的外语作家），在德语和西班牙语世界均又获得文学大奖，并陆续翻译成更多欧洲和亚洲语言，也随着一大批科幻作家各式各样的作品，被广泛翻译，中国科幻变成国际现象（international sensation）。

我们（这个我们算是除了中国科幻作家与科幻迷之外的全体）到2010年才了解这新世代的科幻，实在是我们自己的无知。中国科幻在1999年到2010年，已经走过辉煌的十年，其间已经诞生了自己的巨星（比如三巨头：刘慈欣、韩松、王晋康），自己的星座（科幻期刊、出版社、幻迷群体、嘉年华），自己的宇宙规律（科幻已经不关心主流文学在做什么），到2010年中国科幻毋庸置疑已经处在黄金时代。自2010年到2018年，又八年过去，中国科幻甚至有了自己的平行宇宙，多维世界。虽然科幻作家和科幻迷们有时借用英美科幻术语来命名自己，但多重形象是在短短时间内共同呈现的，并没有一个从古典工业时代到后现代的发展历程。星云闪烁，宇宙交响，创世与寂灭，都在共时发生中。当代的中国科幻既有太空歌剧，也有蒸汽朋克，有赛博乌托邦，也有荒潮里的幽暗，有不可阻挡的流行化趋势，也有在先锋位置上坚守的新浪潮。2014年《三体》英文版在美国出版，很快中国科幻新浪潮在全世界引起影响，这是一次超新星爆炸，照亮了整个文学世界。

即便把中国科幻放在过去百年的历史中来看，二十一世纪的科幻盛世也是前所未有的。晚清最后十年科学小说与理想小说的流行，台湾人文科幻在七十到八十年代的异军突起，以及同时期大陆科幻在改革时代一度重新点燃理想主义的短暂复兴，似乎都在中国文学主潮之外。寂寞的伏兵首先在文学史意义上显出悲壮的色彩。但到了今天，寂寞的伏兵已经不再寂寞，也已经不再是伏兵，而是一跃成为流行文化中的新锐之时，科幻作家面临的问题与八年前，与十八年以前，乃至一百一十八年前可以没有什么不同？最重要的依然是写出最好的科幻，但作为整个领域，科幻面临的问题终究不同了。科幻需要重新思考与现代文学传统之间的关系吗？我们时代最好的科幻作家，往往谦虚地保持与文学家之间的身份距离，这体现着另一种对成规的拒绝，但与此同时，走在现代文学体制边缘的科幻在创造什么样的新文学呢？无论在商业化的层面，还是在个人创造力的层面，这一轮科幻的太平盛世背后又有着多少惊涛骇浪呢？任何形式的新浪潮都注定不会长久，但科幻作为一种探索未来无限可能的文学，希望它可以长久地存在于中国文学里。

科幻作家们关注的问题，还有科幻与现实的关系，科幻与虚拟现实的关系，科幻与未来的关系，科幻的中国性的问题。在一个最大的意义上，科幻关注的不仅是个体的生活，而是我们整个的社会，整个的物种，整个的世界。美国著名的科幻作家Joseph Campbell戏称科幻文学比现实主义文学更大，因为它写的是宇宙中所有的时间与空间。当代的美国韩裔科幻理论家朱瑞瑛Seo-Young Chu认为，科幻是一种高密度的现实主义，因为所有的隐喻对科幻而言，都可能就是现实，在语言表现的层面，科幻中的幻想，比现实还要更真实。中国科幻的盛世，既是一个文类的成功故事，也是"现实一种"从不可见到被看见的过程，在量子力学测不准原则之下，这个瞬间难以捉摸，它是否在物质上是实存，它又如何创造意识？我们如何去看，如何去幻想，如何去书写，也决定了我们自己世界有怎样的现实会被看见，或者会被改变。

科幻最激动人心的，也许还是来自它诞生于大航海时代与大革命时代的双重语境。科幻是背井离乡、漂泊无定的文类，它也许从来不属于单一的民族与国家，在科幻的世界中，有着超越国家、超越制度的想象维度。不要说《弗兰肯斯坦》(Frankenstein)的作者玛丽·雪莱是"爱与光的孩子"(Child of love and light，诗人雪莱的话)，父母分别是无政府主义和女权主义的奠基人，相遇在动荡的法国大革命，这部小说的元素至少来自日内瓦人卢梭，日耳曼古老传说，英国浪漫主义文学，故事终点则在北冰洋上。这一个世代的中国科幻小说,刘慈欣笔下的流浪地球、时间移民、宇宙归零,以及我们在冥王星坐下来哭泣的时刻,都是这样的时刻,提醒我们,科幻有一个更大的世界。面对未知,那个测不准的时刻永远让我们着迷。

《三体》里写程心的不忍之心,不肯按下毁灭两个世界的按钮,没有这个人物,《三体》不会这么大气。三体迷对于程心的态度不大友好,称之为圣母,不是褒义。程心的人物塑造方面或许有欠缺,但正是在一个零道德的宇宙中,程心作出了一个有道德的选择。刘慈欣的科幻世界有崇高的一面,外星人来了,毁灭你与你何干?但一个属于文学世界的心灵,让程心作出放弃打击的选择,也让程心最后选择文字,来书写,《三体》的冷酷世界,变成《地球往事》。这个题目翻译到英文 Remembrance of the Earth's Past,不可避免地让英文读者想到普鲁斯特。科幻之心,除了测不准的量子态,也可以是诗。

本卷收录的五篇小说,各有精彩。宝树的《留下她的记忆》除了描绘令人惊奇的可以探寻逝者心灵的"记忆黑匣子",也写出了由于记忆而引来的道德难题。

韩松一如既往笔调冷峻的《安检》中,美国自从"九一一"后,由于全民遭到安检,终于导致整个国家与外界隔绝,安检将一切的一切都置换了,人变成非人,物变成非物。与此同时,中国宣布为绝对安全区域,不需要安检。最后幸存的美国人,被中国人拯救。然而结局又生悬念,中国人的太空探测发现,整个宇宙都在安检……韩松的经典描述:"太神秘了"。

范轶伦的《不会说话的爱情》充满乡愁,地球环境恶化后的未来,大气层分成三个不同的居住区域。生活在地面以上的人类,没有了国家。但味蕾注定了主人公想念故乡,想象中国,因此开始一段不可思议的爱情。

王晋康的《转生的巨人》,刚好也是我曾经主编的Renditions专号翻译成英文的中篇小说(译者Carlos Rojas,2012),现在则作为我与Theodore Huters主编的哥伦比亚大学出版社(Columbia University Press)英文版中国科幻小说选的标题(2018)。这篇小说是王晋康用化名发表的,是讴歌生命、相信道德的老作家王晋康最具讽刺力度的小说。地产大亨用换脑术来将生命嫁接到新生婴儿身上,但贪欲导致无限增长,增长的速度达到失控,巨大的身体变成危险的力量。

糖匪(《不存在日报》主编)的小说《看见鲸鱼座的人》,具有科幻小说罕见的精雕细琢的文学性与抒情色彩。这是一篇用情之作,女儿想念失去的父亲;这也是一个关于真实与虚幻难分难辨的故事,以为是幻想的,却那样真实。看见鲸鱼座的人,已泣不成声。

希望意大利读者们喜欢这本选集。感谢Francesco的所有努力,感谢Chiara的精彩翻译。

(本文为意大利语版中国科幻小说选集Sinosphere序)

朱生坚

你看,那个死于无意义的人

刚看了《无问西东》,我就说,这是一部只能看、不应该评论的电影。可是,倘若要说出点理由来呢,就等于评论了。所以,还是不说了吧。

到现在,很长时间过去了,那么多人物都在记忆里逐渐黯淡下去,倒是那个死于无意义的人,还是时不时地浮现在眼前。有一些话,好像非说不可。既然如此,就不得不说了。

总的来说,《无问西东》里的人物,大都自带光环。换句话说,他们的生命都是有意义的。你看:

水木清华读书求学,是有意义的。

西南联大弦歌不辍,是有意义的。

投笔从戎为国捐躯,是有意义的。

鞠躬尽瘁教书育人,是有意义的。

置身沙漠制造核弹,是有意义的。

支援边疆救死扶伤,是有意义的。

热心公益扶贫济困,是有意义的。

如此等等,都是有意义的。

唯有那个投井自尽的师母刘淑芬,她的生与死都是无意义的,乃至于没有多少人想要谈论她,好像她的生与死、对与错,都不值得一说。

真的是这样吗?很不幸,好像是真的。

在王敏佳给她投匿名信之前,她的生活就是无意义的,任她怎么折腾,也是一潭死水。她的丈夫,只有在结婚证上才是她丈夫,一个全身心扑在工作上的中学语文老师,对她根本就没了感情,冷漠到了极点:两个人过日子,就连吃饭的碗筷、喝水的杯子,还有盘子碟子之类,都是分开的。不管她怎么吵、怎么闹,甚至动手,他都逆来顺受,不予理睬,对于她在床上的暗示,也完全没有反应。很难想象,对学生那么热心的许老师,怎么可能对自己的妻子这么绝情?可是,我们知道,这是真实的:在外面、在家里截然不同的人格分裂,太多了。

本来,他们也曾经有过琴瑟相谐的好时光,虽然在电影里只有几秒钟的闪回。好像是她的回忆,抑或是她的想象,那又有什么区别呢?反正对他来说,那段时光就算曾经有过,也跟没有一样。她用自己在纺织厂的工资资助他去上了大学,知识改变了人生:他觉得他们之间有了差距,提出分手。我们知道,这也是真实的,就在我们身边,不计其数,不同的只是各个故事里的男女主人公所在位置。在这个故事里,刘淑芬不肯放弃。她去学校闹,闹到了他不跟她结婚就会出人命、让他失去工作的地步。迫于这样的压力,他们生活在一起。

事情再清楚不过了,许老师把他的工作视为他的全部,他的人生价值和意义就在于此。他之所以跟她结婚,只是为了保住他的工作,维护他的人生价值和意义。我们无从得知他是否另有所爱,我们能清清楚楚看到的是,他对妻子的冷漠之中有一种骄傲:他跟她结婚,完全是他为了自己的理想而牺牲了自己想要得到的幸福生活并且承受着眼前这种生活的痛苦,所以,那是一种为理想而献身的骄傲。他用这种骄傲支撑着他的绝情和冷漠。而她的折腾、打闹,她给予他和她自己的痛苦,这一切只是陪衬和光环,围绕着、烘托着他的理想,他的工作,他的事业,他的生命的意义。他们俩就这样结合或纠缠在一起,形成了恶性循环,就算没有他曾经教过的好学生王敏佳来搅水,他们也只能在这个漩涡里转,越转越深。

没有人会认为这样的生活是有意义的吧?那么,是不是同样没有人认为,她的执着是有意义的?

电影到了十几分钟,推出他们俩的一次争执。许老师为自己辩解:人就不能变吗?为什么别的事情都可以变,就这个不能变呢?唉!看到这里我差点一巴掌拍在旁边那姑娘的腿上。说什么"从前慢",什么"一生只够爱一个人",人心从来就是如此。可是,师母歇斯底里般地发作:不行!说了一辈子对我好的,就是不能变的。

那一刻是这部电影给我的最强烈的震动之一。我只记得眼前一黑,耳边听到张国荣的声音:

> 说的是一辈子!少一年,一个月,一天,一个时辰,都不是一辈子!

无论长短,对每一个人来说都一样的一辈子,程蝶衣的意义在于唱戏,许老师的意义在于教书育人,而师母所固守的意义,在于她曾经有过的爱情。那是她认定了的、永远都不能改变的东西。她当然不能接受许老师说的:人是会变的。这样的执念,让我们怎么说才好呢？我们怎么好意思说她错了呢？

如同困兽犹斗，忽然间灵光一闪，师母找出了匿名信里的蛛丝马迹，进而奋力反击王敏佳对她挑衅似的批评。那封信实在过于傲慢，居高临下，用的是大字报的腔调，根本就不是调和矛盾、解决问题的方式。而师母对王敏佳的愤怒和怨恨里面带有她从许老师那里受到的委屈。她想要以自己的方式捍卫已然无法弥缝的生活。她孤弱无援，近乎本能地抓住救命稻草，别无选择地依赖于那个时代的意识形态、社会体制和群众运动。它们的力量曾经让她成功地夺回了丈夫，现在，眼看着就要让她第二次成功。谁也没有料到，这些盲目的力量没有方向，没有约束，过了头。师母本来只是想要以牙还牙，通过羞辱和践踏王敏佳，彰显自己的光荣。让她无法忍受的是，站在板凳上接受批判的王敏佳，竟然莫名其妙地露出了一丝微笑。对她来说，这是来自有知识者的轻蔑，她在许老师那里已经受够了。她可以永无止境地忍受丈夫的轻蔑，却无法忍受这个小姑娘，这个在年龄、相貌和学识上都占优势的假想敌的轻蔑。她的爆发是再自然不过的反应，而她的爆发使得那一群以凑热闹和窥视癖的心情被动员起来的乌合之众在暴雨来临之前的闷热空气里有了充足的理由通过肢体动作宣泄他们的烦躁，当然，表面上的理由是同仇敌忾，捍卫师母的尊严，也就是捍卫他们共同的、近乎宗教狂热的伦理道德。

事情发生得太快，我们来不及去揣摩师母刘淑芬最后一段时间里究竟在想什么。她所得到的结果完全出乎她的预期。她没有想过要弄死王敏佳。她没有那么恶毒。虽然后来我们知道王敏佳并没有死，但是在那一刻电影里外所有人都以为她死了。在死亡面前，一切光荣、尊严和羞辱、报复都毫无意义。师母在激情的顶峰一脚踏空了。她分明看到了真相,那就是:她的生活毫无意义。如此虚无,如此荒诞。那一瞬间,她被击垮了。她跨进井口,毫不犹豫,没有任何多余动作。那一份决绝让许老师的骄傲黯然失色。他也崩溃了。他跟她一样,性本良善,他肯定从来都没有想过她会在他眼皮底下走上绝路。从此,他的骄傲、他那闪着光芒的理想和意义失去了一块必不可少的垫脚石。

回过头来想想她的形象:端正,健康,朴实,一位普普通通的纺织女工和家庭妇女,在任何地方走进人群就会立刻淹没在其中。然而,她执着于她的记忆和想象,执着于她想要的生活,就像别人执着于他们的理想和信仰。在某种意义上她具有艺术家和宗教徒的特质。这种特质在任何时代、任何地方都会让贫乏、枯燥的生活激情饱满。

问题依然在于:她的生和死,有意义吗?此时此刻,我们变得有些惶惑不定。也许我们可以说,人生本无意义。可是这句话在这里过于轻巧,只能用来遮挡困窘,无法靠它逃避问题。更何况,如果说人生本无意义,那么,前面说到的,《无问西东》里的那么多人,他们的生命的意义也全都成了问题。有人说,逃避问题,一定会遭遇更大的问题,果然如此。

说到对意义的疑问,回过头来检视那些人物,我们发现,有一个人有点例外。那就是王敏佳的同学和同事李想。他跟她一起制作了那封匿名信。后来,为了争取到支援边疆建设的光荣使命,他退缩了,没有站出来跟王敏佳一起承担责任。他的自私和懦弱,把他支援边疆建设的奉献精神的内里销蚀殆尽,只剩下一层皮。好在他良知未泯,从一开始就知道自己错了。他对自己有反省、有怀疑、有批评。他对王敏佳的愧疚,以及陈鹏给他的忠告,使他用实际行动诠释了

"知耻近乎勇"的含义,也让激励他支援边疆的奉献精神得以具体落实。他付出了生命,赎回了灵魂。他的付出当然是有意义的——不要说付出生命,在日常生活中,为别人付出点点滴滴,也是好的,都是有意义的。

相比之下,在师母刘淑芬眼里,或者说,她的执念所系,只有她自己和她丈夫两个人。要知道爱情这东西可以说是人类最伟大、最美丽的谎言之一。如果爱情的作用只是让两个人结合,生活在一起,那么,它与本能有什么区别呢?动物没有爱情,也可以结合,也可以相守。人之所以为人,体现在爱情和婚姻之中,至少也得要两个人的结合让彼此都变得更好,且不管是不是养育出更好的人。而在她身上,我们看不到这种向上的迹象。她不断吵闹、发作,证明自己是对的,被亏欠的。许老师当初对她的承诺被她当作债券捏在手里。这样一个人,即使他不变心,不提出分手,她也能找到各种理由不断吵闹、发作,证明自己是对的,被亏欠的。这是一种弱者思维,出自一颗虚弱、贫乏、让人怜悯的心灵。她从来没有想过许老师为什么提出分手,究竟有没有一点点合理的成分。她也没有想要自己变得更好一点。我们没有理由用胡适善待结发之妻的榜样来要求许老师,因为道德只能用于要求自己。而要求上进乃是人类从直立行走以来发展至今的原动力,超乎一切道德之上,或者说是一切道德的根本。

诚然,归根到底,生命本无意义。因为,生命是生命,意义是意义。然而我们终究还是愿意选择赋予生命意义。那些生活毫无意义,最终死于无意义的人,太可惜了。

傅月庵

人生实难，大道多歧
——我读《回望》

1

文学上有所谓"三部曲"（Trilogy），指的是创作于不同时间的单一主题，多半为一个故事的延伸。譬如华文读者耳熟能详的巴金"激流三部曲"（《家》《春》《秋》），金庸"射雕三部曲"（《射雕英雄传》《神雕侠侣》《倚天屠龙记》）。日本作家宫本辉曾写过《泥の河》《萤川》《道顿堀川》三篇以河为主题的小说，他却不愿称之为"三部曲"，而只愿称作"三部作"，理由是三篇小说除了都有一条河之外，内容绝无关联，且长短不一，尽管都是小说形式。

从这个角度来看，金宇澄《繁花》《我们并不知道》（即简体版《洗牌年代》）和《回望》三本书，当也可称为"三部作"，尽管三书涵盖小说、散文、传记等不同类型，内容却自有其幽微的延续性。读者按照着创作时间一路读下来，不但可以由虚转实，一步步逼近作者，看到一本好小说是如何炼成，更可剥茧抽丝，想象小说家化实为虚、剪裁绣补时的种种创作心智活动。无论这是有意的企图或无意的巧合，却都是一名读者翻读《回望》时，额外收获的红包彩蛋，尤当你是一名"铁杆金粉"的话。

2

"人生实难,大道多歧。"台静农先生生前常以此题句赠人,短短八个字,说明了个人与时代的辩证关系:大时代里的一个小齿轮,要不要转?如何转?转哪里去?往往由人不由己,特别是幸或不幸地生于"大时代"之时。一名上海资本家的女儿与一名江南没落世家子弟在烽火连天的大时代里相逢、相知、相恋,从而结婚生子,组成家庭,却因"大道多歧",让两人的人生,不时有难——生活的困难,无妄的灾难——理想与幻灭之间,到底应该如何看待?身为人子又该如何"回望"父母所走过的这一切?该不该说?该隐该现?该说到哪里为止?又是另一种"人生实难,大道多歧"了。但也因这八个字,我们或许比较能理解1990年此书第一章初稿写成,金宇澄为何要先"借'伯父''伯母'写了我的父母",直到2013年"我的父亲去世",始改为"我父亲""我母亲"发表——多歧实难里,人所真正能掌握也必要斟酌的,无非"分际"两字,无论面向时代或家庭的种种关系。

"分际"是一种拿捏,所求的无非"精准"。以此回望全书主文三章,金宇澄接连变换了三种叙事视角,先是自己以长镜头"回望"父亲与母亲,让人感受时光的流泻;接着拉近镜头,自行掌控"回望"父亲一生,并借由日记、笔记、书信、文献佐证,乃至不吝拉自己入镜,让画面更加立体多姿,幻化存神;最后则退开隐去,镜头全然交给母亲,由她自己顺序"回望"她的少年、中年,画面素朴平淡,却自有味。这样的镜头变换,区别了"殁"与"生","父"与"母","静止"与"流动"的差异,使得全书层叠累成,丰赡厚实,让人理解到文学形式的重要性,也见识到小说家身上所流淌的编辑血液。唯一难解的是,向来敏于语言运用的作者,在"母亲"这一部分,几乎没用到"沪语",这是因为"口述文本"如此或也是"分际拿捏"的一部分?推敲到此,不必有答案而乐趣更现。作者的才情真正让"传记"有了"文学"。

3

1945至1949年,对日抗战胜利到国共内战,近七十年来,除了1947年"2·28事件"由禁忌转红火之外,台湾普通历史教育,几乎少有探究,遑论细说。戒严时代,国民党讳言其"败",几句话带过,无非"共匪叛乱,政府播迁来台",连"撤退"两字都不肯说;解严之后,两次政党轮替,让台湾渐行渐远,主动自这一段历史,或说大时代撤退,另作新解,却也讲得不清不楚,若有似无。

《回望》至少弥补了几许空白,让我们得以深入理解动荡时代里,海峡彼岸一对年轻人的人生遭遇。翻读江南世家子弟如何从进步青年转而为中共地下党人;资本家的女儿如何蒿目时艰,参与学运,一步步认同共产党的过程,或将不证自明地明白国民政府所以必须亡命孤岛的原因。大道多歧,拉长时间来看,多半还是人的集体意志在左右着。

更且,无论"父亲"故乡江南黎里或"母亲"生于斯长于斯的上海,其巷弄街坊、风土人情、礼俗信仰,尤其看到"一直与时代同步"的父亲:

> 在我写此文的纪录里圈去了"我的祖父金九龄"并

加字"后辈子孙,不能直呼长辈之名,你不懂,不许提名"。1991年底,我外祖母在家中去世,父亲时年已72岁,我见他仍恭敬地缓缓跪下身来,为老人家磕头。

深有所感之余,或当更能思索尽管隔有一道海峡,"两岸到底是连续还是断裂?"这一问题。人生实难,有时只因不愿面对、接受、处理耳。

4

人生随缘,因缘流转。聚散起灭或如时间长河里的"蝴蝶效应":少年羽翼偶然一拍打,竟埋伏了中年狂暴风雨如晦。也因此,追忆绝非无意义,过去其实还没去。要不,荣格、弗洛伊德又如何自成一家之言?"我们生命的'今天'乃过去的延续,倘不时时回顾,'今天'的我即不具意义。"爱沙尼亚纪录片老导演法兰克·赫斯这几句话,遂也字字有了着落。

静静望着书前所附男女主人翁程维德、姚云截至47岁、39岁的年表,以及表后"将面临一场更大风暴,经历人生更惊心动魄的磨难"云云,我想起了许多年前写过的这段话。回望,确值一而再!

朱丽丽

浮生取义

九月份的电影，期待贾樟柯《江湖儿女》的人不少。早年《三峡好人》与《满城尽带黄金甲》在一个档期硬拼，死状惨烈，历历在目。这些年，似乎从《天注定》《山河故人》起，贾樟柯文艺导演的名头逐渐有了市场。大批文艺青年或伪文艺青年还会捧场去影院一观。贾导应该很欣慰，文艺电影最惨淡的年代过去了。

《江湖儿女》到底讲述了什么？我以为是一个浮生取义的故事。巧巧为了心爱的男人斌斌，一腔孤勇，顶罪坐牢，千里寻人。那个男人已经落魄变心，不愿再见她，她孤独地做了江湖上的女人。男人落难回来投奔，巧巧收留且照顾他。男人问：你恨我吗？答：对你无情了，也就不恨了。再问：无情为什么还收留我？答：这是义，你不懂。赵涛湿了眼眶却没有滚落的泪极好。剧中还有一段插曲：巧巧随着一个萍水相逢的男人去了乌鲁木齐。男人得知她刚刚出狱退缩了，半夜她在路过的小站悄悄下了车。清冷的冬夜，浓厚的黑暗，偶尔有牧人打马走过，像被遗忘的世界尽头，无边的寂寞。就在这时，一道奇异的光芒划过天际，是飞碟？巧巧的脸庞被照亮了，逐渐由木然泛起狂喜与感激。

我非常喜欢这个场景。因为这道光芒，巧巧所有的深情付出及被辜负都不是毫无意义的。她的情义就如那飞碟的光芒，稀有，罕见，举世无双。大多数人不相信，亦从未有机会目睹或经历，但那是浮生中的光明。浮生取义，有了浮世的浑浊、不确定与无可奈何，映照出来的"情义"才更珍贵，催人泪下。

巧巧很长情，贾导也很长情。有人说他的影片是小镇青年现实主义加一点赵涛。可不是，赵涛是他系列电影铁打的女主角。这份长情也许只有姜文对周韵可以约略比拟，但姜文的电影一般都是双女主。赵涛长着一张城乡接合部的脸，越演到后面越不加修饰的苍老与憔悴。我想她的相貌平平也成全了贾的长情。好莱坞明星英格丽·褒曼倾慕意大利新现实主义才子罗西里尼，抛夫弃子私奔成功。结果，明眸皓齿熠熠发光的大明星，在罗西里尼刻意原生态处理的电影中根本就是异数，完全无法融入。褒曼十年后回到好莱坞才重新焕发艺术生命。假如赵涛长得像褒曼般美若天仙，贾导也会面临同样的尴尬。她最大的好处就在于，她是贾樟柯的世界的原住民。

贾樟柯的世界是什么呢？是逝去的民间社会，是迅速现代化之后被视为累赘与落伍抛弃在后的那个世界。

幸亏，我们还有一位贾科长，钟情于这些小镇现实主义社会的白描。他几乎以一己之力构建出中国的县城生活影像世界。乡村早已经消失了，城市变成光怪陆离的折叠空间。那些三四线小城市满面尘埃千篇一律地存在着，贾樟柯以一种近乎偏执的热情，一直在书写他的乡愁、他的记忆。我有时候想，他如此执着，也源于他是山西人。山西人惜物，才使得山西成为全国地面文物保存最多最好的省份。

贾樟柯惜物，长情又念旧。他日复一日地书写过往的中国，书写被遮蔽的底层，也将最美好的愿景、情义的想象投射在巧巧们身上，投射在那些无望之中迸发人性之光的人物身上。

据说现场有影迷问贾樟柯："有人说《江湖儿女》是写给赵涛的情书，您认同吗？"贾樟柯回应："《江湖儿女》是写给中国女性的情书，电影里的男性可能更多迷失在金钱等所谓世俗的成功里，越来越软弱，但女性越来越坚强。"这是贾樟柯本人的表白。除此之外，我觉得，《江湖儿女》一如既往，是写给九十年代中国的情书。

看一部电影，最有意味的不一定是主人公，而是那些群演。我经常惊叹不知道贾樟柯从哪里找到那么多原生态的非职业演员。他们在电影里的面孔，就像每一个街头巷尾常见的普通人。影片开头就是一段手持摄影的大巴内部场景，应该是隐藏拍摄。晃动的镜头下，那些面孔根本不是演员，而是最质朴的中国百姓。赵涛的脸出现在其中，毫无违和感。这是她最好的地方，她的气质音容都是民间社会的，所以能够激发我们最深层的共情与感喟。

怎么会有人说贾樟柯没有价值呢？他捕捉到那么多一晃即逝的时代符号，以及生活在其中的活生生的人。贾樟柯的长情因故乡而起，却不局限在故乡。他的视野渐渐阔大，投射向整个中国。内地国营厂矿的破败与凋敝，那些坐在街头和麻将馆里消磨余生的老年男人，衣着花花绿绿满脸陶醉在街头跳着广场舞的大妈们；奉节码头上面容呆滞的移民即将永别故土，一地仓皇，被长江带往不可知的命运；光怪陆离的迪厅中群魔乱舞的社会青年，现在连"迪厅"这个字眼都成了历史名词；像吉卜赛大篷车一样的山寨歌舞团，满头杀马特黄发的歌手，唱着走调的粤语老歌，轰炸着银屏内外的耳膜；那个起早贪黑谋生的摩的司机,与妻子长期分居两地,起了色心却令人一点恨不起来;看到二勇哥的葬礼上出现的国标双人舞,我骇极而笑。嘈杂的乡野葬礼,突然两个人郑重其事地鞠躬致哀,浓妆艳抹半裸着跳起了国标舞,旁边一群乡镇青年围观。那种土洋结合的冲击力,就像《立春》中小镇街头演出的芭蕾舞与歌剧,也像《钢的琴》中在葬礼上演奏的《莫斯科郊外的晚上》与东北二人转……这些在贾樟柯电影中一再出现的符号,是因为急遽的现代化进程而被压缩成一团的民间图景。荒谬的存在,有着深沉隐痛的复杂肌理,让人大脑短路而灵魂出窍,嫌弃、难以置信而又不自觉地热泪盈眶。传统与现代、乡土与城市、过去与未来,以一种猝不及防的喜感的方式叠加在一起,这是所谓叠加的现代性。

　　对我个人而言,最有冲击力的是江轮的场景。巧巧出狱后,溯江逆流而上去奉节找寻斌斌。我少年时上学,就常常乘江轮在长江中下游来来回回。那时的客轮有江申号江汉号,缓慢沉重,客舱里人多语杂,环境也不甚干净。约几个同学好友,一路吹着江风,看两岸风景。那是我最初认知路上的中国。依稀记得有一处,两岸壁立千仞,江阔水深。正是"天门中断楚江开,碧水东流至此回"之处。年少轻狂的我经常在某些时候蓦然失语。面对这条沉默寥廓的大江,与无数熟记于心的地名,感觉是与古人劈面相逢。如此失重,漂浮在历史的虚空中,以至于脉脉不得语。随着高铁的兴起,这种缓慢的过时的交通工具退出了历史舞台。客轮纷纷改成游轮,即使如此,游客估计也是以中老年为主。我几乎已经从不想起坐江轮了,觉得像是前世的场景。影片中那个一模一样的舷窗,和狭小的内部客舱一下子击中我,似乎都能感觉到一股潮湿的带着铁锈味的气息扑面而来。《江湖儿女》让我再次感觉失重，与历史中的自己，与少年时光劈面相逢。

感谢贾导的长情，使得这些被遮蔽被遗忘的记忆，以一种鲜明的回环反复的方式保存在他的电影中。同时，也藉由他的影响力，使得这些空间符号再次被激活，进入公众视野，映照我们每个人的来路。我以为，这样的电影，比单纯进影院买到两个小时的欢愉更有意义。

江湖和爱情的叙事都是假的，不变的是贾导对于一切逝去之物的长情。摧枯拉朽的城市变迁，文化拔根的移民，物是人非的江湖。那些粗粝的民间符号令我眼眶发热。人类学家格尔兹说：解释人类学的根本使命并不是回答我们那些最深刻的问题，而是使我们得以接近别人，从而完善人类社会的整体图景。在某种意义上，贾樟柯也是一位影像人类学家，贾樟柯的电影实践也是在浮生取义，藉由影像，记录浮生世相百态，记录几代中国人置身其中的时代更迭，记录历史无情之中的有情。

那些诟病贾樟柯一成不变的人，不理解一个作者导演浮生取义的生命印记，也不理解这些记录下来的他者生活，对整体人类生活的文化意义。

邹世奇

一面无限同情,一面冷静到冷酷
——读福楼拜《包法利夫人》

不知学过文学史的人是否都有这个问题:越是对名著,越容易"三过家门而不入"——太熟悉了嘛,还需要读吗?对于《包法利夫人》,我就属于这种情况。今年春节我捧起这本书,一开始是不太沉得进去的:现实主义巨匠的手笔,一心要把整个十九世纪法国从卢昂到乡村到小镇的风貌,把主要人物的形貌、命运密码一起统摄进这前半部,情节蜗牛式推进,大段景物、细节描写,沉闷得令人几欲弃读。这时我的文学史总算起了点作用,令我坚持过前三分之一,果然,后面的故事急管繁弦,一步紧似一步,一口气读完,掩卷犹自震荡不已。所以,如果你也想读这部小说,千万不要在开头就放弃。

包法利夫人的闺名叫爱玛。爱玛在修道院接受了不错的教育,懂音乐,爱读小说。她"天生丽质难自弃",敏感、纤细,向往浪漫爱情、精致生活,却偏偏是一名农家女,注定不可能像她那些非富即贵的同学那样嫁得好。她嫁给了一名小镇医生,婚后也曾把爱情理想寄托在他身上,却很快发现他平庸、不解风情——他连她看的戏都看不懂。他深爱她,爱她出众的姿容,爱她灵魂里的精致、浪漫和诗意,越是自己匮乏的越爱,越是自己不懂越爱;但因了他的匮乏和不懂,他的爱对于她毫无价值,好比她渴得要死了,他给她的却是一整个海洋。于是我们看到她郁闷、哀伤、烦躁,各种"作",却又痛苦得那样真实,"作"得那样有理有据。

为什么会有人相信"女子无才便是德"呢,这可能是原因之一——没有读过那么多书的女子,是不会有爱玛这种烦恼的。一个在书里见识过美好和浪漫的人,你让她接受现实的贫瘠和无趣,分外艰难。当然不是文学辜负了她,而是她读书没有读透,吸收了太多非日常的东西。爱玛这种女子是如此熟悉——谁的熟人里没有一个半个"心比天高,命比纸薄"的女文青呢,她也许就是我们的小学同学、邻居、朋友,甚至就是我们自己。福楼拜说:"此时此刻,我可怜的包法利夫人想必同时在法国的二十个村庄里受苦、哭泣。"才华不足以改变命运的人,都可能是潜在的包法利夫人。

心底的欲望一直被压抑,是一定要有一个出口的,爱玛找到的这个出口,是恋爱,与她心目中的"上流人士"恋爱。她先是与大学生公证员莱昂有了一段柏拉图爱情,这说明她原本是想做个"好女人"、发乎情止乎礼的。随着莱昂的离开,那段情春梦了无痕,她重新堕入危险的空窗期,这时猎艳老手、乡绅罗道尔弗出现了。在他粗鄙而猛烈的攻势下,她迅速沦陷,做了他的情妇。现实多么荒谬:一个要浪漫爱情,一个只想猎艳,明明鸡同鸭讲,居然也能蜜里调油。直到爱玛一再逼对方与她私奔到意大利,他才仓惶逃走。爱玛受到了沉重的打击,大病一场,康复后变成了一个虔诚的教徒,狂热于施舍行善。其实她的主也好,情人也好,都只是精神空洞的填充物,是溺水者的那根稻草。

这是命运对爱玛弱弱地敲了一下警钟,但她完全没有听到:出轨期间,她为赠送对方名贵礼物、准备私奔而欠下一笔债,她丈夫借新债还了旧债。之后,她与在卢昂做书记员的莱昂重逢了,这一次,隔在两人间的羞耻障壁已然薄了很多,如同天雷勾动地火,她几乎立刻就与莱昂在一起了,并在卢昂租了旅馆作爱巢。她在丈夫面前撒谎,每周去卢昂和情人幽会一次,开启了她生命中最激情燃烧的岁月,也开始了在悬崖上的一路狂奔。她负担着偷情的绝大部分费用,流水一般地签借据,一步步逼近自己最终的命运。

福楼拜说:"我就是包法利夫人。"谁心里还没有一点欲望、一点非分之想呢?谁不曾贪求过不属于自己的东西呢?佛说:不可强求。可金庸小说里的女子说:"我偏要强求!"不同的是她真的强求到了,因为她的资本足够强大;资本不够的普通人,如果机缘凑巧,就一定不会成为包法利夫人吗?我们难道不会对她那哪怕是缘木求鱼的寻梦之旅怦然心动、心有戚戚?

茨威格说:"她那时候还太年轻,不知道所有命运赠予的礼物,早已在暗中标好了价格。"对玛丽·安托瓦内特皇后尚且如此,对爱玛自然不会例外。命运之神总能准确地扣到每个人的命门,为爱疯狂的女人,心里连自己亲生女儿的位置都没有,既然她不会像安娜·卡列尼娜那样内疚自戕,那就从外部、从经济上摧毁她。"从第三卷第四章起,命运——在福楼拜的驱使下——开始以精确的步骤毁灭爱玛。"(纳博科夫语)催债单雪片一样地飞来,紧接着,法院文书到了,她必须在二十四小时之内还钱,否则她的家就会被查封、拍卖。她被逼无奈依次去向她的两位情夫求援,得到的不过是逃避或拒绝。悲愤、走投无路的她吞了砒霜。

此后，福楼拜充分展现了一个自然主义作家外科医生般的理性和精确，他详细描述了服毒后的爱玛所承受的令人恐怖的痛苦，无限接近人所能想象到的肉体痛苦的极致——仿佛前面娓娓道来、不厌其烦的铺叙，都是为了最后这力道千钧的致命一击。白居易写杨贵妃的死，是"花钿委地无人收，翠翘金雀玉搔头"；曹雪芹也不会写吞金后的尤二姐如何辗转呼号、扭曲痉挛；施耐庵会写潘金莲如何被开膛破肚，但那是对作者所唾弃的淫妇；只有福楼拜，一边无限同情，无限悲悯，一边冷静到冷酷地叙述爱玛所付的可怕的代价。在承受了最惨烈的痛苦后爱玛终于死去，但悲剧还不算完：她已经破产的丈夫终于看到了情夫给她的信和照片，这才对她出轨的事实如梦方醒，并在她生前常与罗道尔弗调情的花棚里心碎而死——法医查不出任何病理原因；她安琪儿一般的女儿，在飘零流离、寄人篱下之后，被送到纺织厂当了童工……爱玛真是为她的任性付出了最最彻底的代价。

　　在这个"白茫茫大地真干净"的结局逐渐呈现的过程中，福楼拜不忘让空中飘下唯一一片绿叶：当被问及如何处理妻子的后事时，悲痛欲绝的医生丈夫提笔写道："我要看她身着婚纱、穿白缎鞋、头戴花冠入葬。让她的长发披在肩上；三副棺椁，分别用橡木、桃花心木和铅。什么也不用对我讲，我会挺得住的。要用一幅整块的绿丝绒盖在她身上。"爱情让人变成诗人。整部小说里的人物或庸俗或卑琐或浑身浸满毒汁，几乎人人都在欲望的泥淖中打滚，唯有这位丈夫，藉由对妻子深沉的爱获得了灵魂的救赎。

　　把一个悲剧故事写出史诗般的恢弘壮丽，写出令人颤栗的命运感，让一个人物戳中人性的痛点，这便是《包法利夫人》的力量。

汪广松

孤独的人经验万物
——读李娟《遥远的向日葵地》

唐代诗人贾岛的诗句"僧敲月下门",以及由此而来的"推敲"故事,已经是文学史上的常识,而且颇能得到人们的赞叹与效仿,但明末清初的学者王船山并不同意,认为那只是"妄想揣摩"。王船山认可的是"即景会心","因景因情,自然灵妙,何劳拟议哉?"也就是说,或推或敲都可以,推有推的景,敲有敲的景,"初非定景",也不是想出来的,如是就如是,"禅家所谓现量也"。

我读李娟的书《遥远的向日葵地》,颇有一种现量在前的感觉,仿佛身临其境,感同身受。她笔下的自然景物乃是从心里流出来的,与人何止是不隔,人本身也是自然之物,就是景物本身。

《狗带稻种》里写葵花地南面的沙漠,北边的戈壁地,李娟这样写道:

> 没有一棵树,没有一个人。天上的云像河水一样流淌,黄昏时刻的空气如液体般明亮。一万遍置身于此,感官仍无丝毫磨损,孤独感完美无缺。

人是存在的，然已置身其中，像空气一样明亮、清澈，并由此达到"自由自在"的巅峰状态。李娟笔下的兔子与狗、天空的深蓝与向日葵的金黄，乃至夕阳一侧半透明的圆月，都有明澈的气息。在这种明澈里，人的感觉得到净化，并由此接通世界，激情满满，忍不住要发出声来。譬如妈妈在葵花地里想放声歌唱，想向所有人倾诉一朵云的美丽，就连兔子也要"啊"地发出一声。而"我"的呼喊"像在大声地恳求，大声地应许"。这时候的声音已不仅仅是人的，它毋宁是自然生发的声音。

"一花一世界，一叶一菩提。"人通过自身的明澈接通世界，并由此获得世界，这个接通由某一个点来触发和完成，它可以是一粒小小的沙枣，又或者是一条形体丑陋的四脚蛇。我们在书里看到李娟常常接通自我与外在，每一次接通都是新的，她也因此能够获得关于世界整全的经验。她看见大风将星空吹得一片凌乱，"银河流得哗啦作响"。站在大地之上，"仿佛千万年后重返地球"。风势平息的时候，她有了一种新奇而独特的感觉：

古老的地球稳稳当当悬于宇宙中央。站在地球上，像站在全世界的最高点，像垫着整颗星球探身宇宙。日月擦肩而过。地球另一侧的海洋，呼吸般一起一伏。

现在世界整个都属于她了，她也属于整个世界。这种整全感表现为一种巨大的孤独感，而孤独感无处不在。奇怪的是，越是要拥抱世界，世界就越加排斥，人在一切之中，又被摈弃在一切之外。孤独的人不仅经验万物，而且也让万物经验自己。她经历的是两重生活，首先是由内往外看，然后又从外面向内看。

在《大地》一文里，李娟写道：

> 每当我站在光明万里的世界里，感到众目睽睽，无处躲避，便寻找四脚蛇的踪影，并长久注视着它。那时，我仍无处躲藏，却能够忍受万物的注视了。

在对四脚蛇的长久注视之前，"我"无法像动物一样"消失"在大地之中；而当"我"长久注视之时，发现它在阳光中的"暴露"更像是一种"隐藏"，这时候，我已经被"屏蔽"了。这种"屏蔽"看起来是一种孤独，但也可以说是一种融入，此时的孤独乃是被万物注视、收纳的标志，是走向整全世界的通途。

李娟善于长久注视，事物也往往因此呈现出它的美好。且不说流云与长风，单说冬天里的一炉火，凝视久了，"身体内部比外部还要明亮"。炉火的暖与热人所共知，然而它的"明亮"却并非都能成为人的经验，尤其是这种"明亮"还能照亮人的身体内部。不过，炉火的明亮毕竟有限，当她站在"光明万里的世界里"，却很难长久凝视，甚至只是要躲避，寻找一个可以"隐藏"的处所。

对于美好的甚至超过自身美好的事物，人们有时候不是欣悦地上前拥抱，而是会选择逃避，并为此羞愧不已。《我的无知和无能》里写眼下的世界："青草顶天而生，爬虫昼追日、夜逐月。风是透明的河流，雨是冰凉的流星。"万物生机活泼，各有各的轨道，"只有我最简陋，最局促"，仿佛愧对了万物的美好。《擅于到来的人和擅于离别的人》写"我"与妈妈聚散相依，越亲切就越疏远，越丰盈就越贫乏。

唯有赞美，赞美是最高的表达。于是她"赞美高处坚硬光滑的蓝天,赞美中间强大无尽的风,赞美眼前这秘密之地"。但她清醒地发现,"这个世界根本不需要赞美。甚至根本不需要我。"那么换一种方式如何?"全面袒露自己的软弱,捶胸顿足,小丑般无理取闹。"但世界还是充耳不闻,一副以"我"为刍狗的模样,就像公交车多次把人丢在荒漠里,前不着村后不着店。

《遥远的向日葵地》有说不尽的漂泊。一首老歌似乎专为此而唱:"漂流已久,在每一个港口只能稍作停留。……泪不敢流。……我和我追逐的梦擦肩而过。"《遥远的向日葵地》就是一个遥远的梦,是一次长久的跋涉,是一场关于大地的无尽怀念。我们看到,那个无数次走过空旷大地的女子迎风而立,仿佛可以就此拥抱梦想和世界。但她"稍微侧一下身子,耳朵换一个角度",风的轰鸣声就倏地退却,耳畔空荡清净,虽然风还是在风中;她"站在最高处,站在喧嚣和寂静的分界线",仿佛就是那"喧嚣与寂静碰撞的产物",既分裂又融合,既边缘又中心。

世界一分为二,一边是荒地,一边是绿野,又因为人合而为一,重新生起一个新的世界。经历新生的世界才真正属于人,就像那片遥远的向日葵地,当年曾经盛开过,如今在李娟的笔下再次盛开,仿佛这一次才真正获得了生命。在它边缘处的每一次行走,也相当于向中心点的又一次回归,而这个中心点是一个秘密,是一处美景。

《遥远的向日葵地》以一篇"灾年"开始,渐次写到耕作的辛劳与"诗意的暂居",最后以《美景》《散步》《人间》作结。《美景》当然写美景,它在边缘处产生,是一处断崖瀑布冲击而成的水潭。水潭先被洁白的沙地围绕,然后又被芦苇掩盖,只有一条牛走出来的小路可以通达。这简直就像把一个秘密层层包裹起来,又相当于把所有记忆予以封印，不管是悲伤的还是快乐的，不管是情愿的还是不甘心的，不管是想记起的还是要忘却的，统统封存，而秘境就是美景，美景就是秘境。

如果说《美景》是一种封印，那么《散步》一文就可以看作是通往秘境的小路。《散步》写最后的劳动结束，全家人晚饭后出来散步，相当于大戏结束，所有演员悉数登场谢幕。这里的演员不仅仅指人，而且也包括鸡鸭猫狗、风水云天等自然事物，它们都是向日葵地生活的一部分。然而在自然状态里获得的宁静与平衡，总是被人的力量干扰、打断，《人间》表达了这种扰乱以及由此而来的不安。但《人间》还是值得的，因为《人间》走出了向日葵地，相当于走出戏院，走出记忆和梦想；因为生活还要继续，一切都尚未完成，一切都有待完成。在我看来，这是一个好的开始。

图书在版编目（CIP）数据

那"通关密语"：2018笔会文粹 / 笔会编辑部编. —上海：文汇出版社，2019.8
 ISBN 978-7-5496-2954-1

Ⅰ.①那… Ⅱ.①笔… Ⅲ.①散文集—中国—当代 Ⅳ.①I267

中国版本图书馆CIP数据核字（2019）第156781号

那"通关密语"

2018"笔会"文粹

编　　者 / 文汇报"笔会"编辑部
封面作画 / 冷冰川
责任编辑 / 何　璟
装帧设计 / 周　晨
出 版 人 / 周伯军

出版发行 / 文汇出版社
　　　　　 上海市威海路755号
　　　　　（邮政编码200041）
经　　销 / 全国新华书店
排　　版 / 南京展望文化发展有限公司
印刷装订 / 上海雅昌艺术印刷有限公司
版　　次 / 2019年8月第1版
印　　次 / 2019年8月第1次印刷
开　　本 / 890×1240　1/32
字　　数 / 190千字
印　　张 / 9

ISBN 978-7-5496-2954-1
定　　价 / 48.00元